SHOTEN BOOK
書店員は見た！
本屋さんで起こる
小さなドラマ
森田めぐみ
大和書房

はじめに

8年ほど前のことになるでしょうか。

夫の転勤で地元を離れることになった私は、とてつもなく暇を持て余していました。

仕事を辞め、やって来た石川県。下の娘がちょうど小学校に上がるタイミングで急にやってきたひとり時間を、はじめの頃こそ趣味の読書に費やしていたのですが、すぐにそんな日々にも飽きてきてしまい……。

今思うと導かれていたのかもしれません(大げさ)。

ある日、「はー、つまらんつまらん!」とため息をつきながら立ち寄った書店併設のカフェで座った席の目の前に、カフェスタッフ募集のポスターが貼り出されていたのです。

……よし、働こ。

思い立ったが吉日。すぐさまその書店の文具売り場で履歴書を買い、外の撮影機で証明写真を作り、その日のうちにポストに投函しました。志望動機には、読書とコーヒーが好きだということを情熱的にしたためて。

数日後、カフェの担当者から電話があり、その翌日には面接へ。とんとん拍子とはこのことだ！　と思ったのですが、面接に行ってみると、面接官の様子がどうにもおかしかった。

まず、見た目がカフェっぽくない。なんか、本屋さんみたいに見えるんだけど……。ていうか、本屋さんのエプロンしてるし。

不安はつのるが面接ですもの。ここはどうにか受かりたいところ。

「書店に併設されているカフェなのだから責任者は書店の人なのかもしれぬ」と思い直しました（長所は前向きなところ）。

しかし、面接官は私の疑問をさらに増幅させるように、書店についての質問ばかり投げかけてきます。最近読んだ本、今年話題になった本は何か。この書店について、お客としてどう思うのか。

いよいよおかしい。カフェに履歴書を送ったつもりだったが、うっかり書店の方に応募してしまったのだろうか。

怪訝《けげん》な顔をした私に、面接官のおじさんは言いました。

「カフェの方にご応募いただきましたが、書店で採用したいと言ったら、森田さんはどうしますか?」

「いやいや、そんな大切なことは冒頭で言ってくれよ!」とやや狼狽《うろた》えはしたものの、コーヒーも好きだが本も好き。好きなものを売るんだから、ま、いっか☆

私はにっこり笑って答えました。

「採用していただけるなら、とてもありがたいです」(重ねて言いますが、前向きさが私の長所)。

私の書店員としての日々は、こうして思いもよらぬ形で始まったのです。

書店員は見た！

本屋さんで起こる小さなドラマ

目次

SHOTEN BOOKS
おはよー
おはよーございます

やっちゃいました…
代わります！

すご〜い
がんばりましたっ
うさぎとくま

第1話

タイトルの謎を解き明かすのだ！

さて、思いがけず書店員として採用された私でしたが、しばらくは右も左もわからず、オロオロする日々でした。

まず、レジの作業が複雑。あとは、大型書店だったため、店内が広すぎて場所が覚えられない。さらにレジで渡すノベルティが多岐《たき》に渡りすぎ。これ、スタッフみんな覚えてるの!?

「こりゃ私には無理かも……」と弱音を吐くようになった、そんなある日。

店内でお客さまに声をかけられました。

「ちょっと店員さん！『名を名乗れ』って本を探してるんだけど」

声をかけてきたのは70代後半くらいの男性。タイトルから察するに時代小説の文庫かしら。

お客さまにはお問い合わせカウンターの椅子にお掛けいただき、タイトルで検索するも、おじいさんが読みそうなそれらしい本は見つかりません。

お客さまは「作者も、いつ出た本かもわからん。わかるのはタイトルだけ！」と言います。

でもさー、その唯一の手がかりのタイトルでも見つからないのよ！

困り果てた私に、おじいさんは呆れ顔で言います。

「映画にもなった本だぞ。本当にないのか？　孫に頼まれたのに！」

その瞬間、私の脳内に風が吹き、かの有名な映画主題歌のサビが流れ出しました。

「『君の名は。』ですね!!」

おじいさんよ、ずっと探していた相手とやっと出会えたときの一言目として「名を名乗れ」はだいぶ上からなのではあるまいか。

「そう、それや！」と手を打って喜ぶお客さまのもとに文庫本をお持ちし、ニコニコとお会計されるお客さまにブックカバーを掛けてお渡ししたとき、私は思いました。

そうか……これが書店員の仕事なのか。


「私、この仕事やっていけるかも」

謎解きのようなお問い合わせの答えを見つけられたから……というわけではないのですが、「こんな面白い仕事、他にないかも」と思ったのです。


ちなみに、おじいさんを見送ったあと、「あのー……」と声をかけてきたご年配の女性は、

「ご主人が亡くなった人の本、ありますか？」

候補は2冊。どちらも売れているのです。

1つは『夫の後始末』。もう1つは、『ふたりからひとり　ときをためる暮らし　それから』。

インパクト大なタイトルの前者は、夫の介護からひとりになるまでをつづった作品。後者は、すでにいない夫の思い出を語りつつ、その後のひとり暮らしについて語っています。

勤め出して数カ月たつ頃には、「タイトルがわからないし作者もわからない」お問い合わせが日常茶飯事であることがわかりました（笑）。

やっぱり、こんなへんてこりんで面白い職業って、他にはないかもな……とあらためて思うのです。

私がおすすめした本

『夫の後始末』

（曽野綾子／講談社）

夫の介護からみとりまでをつづった『夫の後始末』は、センセーショナルなタイトルと裏腹に、長年連れ添った夫婦の愛情と、介護する側の曽野綾子さんのすがすがしい人柄を文章の端々から感じる本です。

『ふたりからひとり　ときをためる暮らし　それから』

（つばた英子　つばたしゅういち／自然食通信社）

暮らしをていねいに紡ぎ、映画化もされたつばた夫妻の物語のその後。夫が亡くなったあとの暮らしぶりには少し寂しさを感じますが、変わらずていねいで、夫への愛にあふれています！

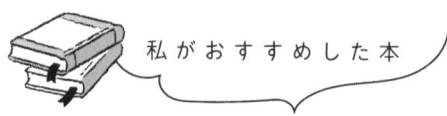

書店員あるある

書店員の標準装備

※服装の決まりがない書店さんもあります

第2話

プロポーズの答え合わせ

書店員になって驚いたことのひとつが、プレゼントに本を選ぶ人がたくさんいらっしゃること。お子さまに向けて選ばれるかたが多いですが、ご友人やパートナーに……とお求めになるかたも意外といらっしゃって、嬉しい気持ちになります。

ある日、カウンターにやって来たのは真面目そうな雰囲気のメガネの男性。30代前半くらいでしょうか。お問い合わせははじめてですが、店内で何度もお見かけすることがある、いわゆる〝常連さん〟です。

彼は真剣な面持《おもも》ちで、「実は僕、今度プロポーズするんですが……」。

ん？　書店で何の話かね？　と思いつつ話を聞くと、彼女に指輪と一緒に絵本をプレゼントしたいのだそう。

「彼女は保育士をしているので、絵本は身近なものなんです。でも僕は全然詳しくないんですよね……」

苦笑するお客さまに、それならば！　とおすすめしたのは『しろいうさぎとくろいうさぎ』。作中で黒いうさぎが願う、白いうさぎといつまでも一緒にいたいという気持ちが、これからプロポーズをする彼に重なるものがあったんです。

ところで、きれいにラッピングした絵本を抱えて帰った彼のプロポーズがうまくいったのか、本来なら書店員の私には知る由《よし》もないわけですが、後日ご来店された女性のお客さまで思いがけず答え合わせができました。

「お取り寄せをお願いします」といらっしゃったのは、ツヤツヤの茶髪の若い女性。何だかハッピーなオーラをまとっています。

お探しなのは、ぬいぐるみの作り方の本。「プロポーズのときにうさぎの絵本をもらったので、結婚式のウェルカムドールとしてうさぎのぬいぐるみを作りたいんです」

おおお、コングラッチュレーショーーン!!　おめでとう、メガネの彼よ!!

隣にいた同僚とこっそり目を合わせ、心の中で盛大にクラッカーを鳴らしつつ、「おめでとうございます。結婚式、楽しみですね」とお声をかけると、「ふたりの紹介のときにプロポーズでうさぎの絵本をもらったエピソードも入れるんです。ドレスとタキシードも白うさぎと黒うさぎっぽくしたらかわいいし、彼、ほんとグッジョブですよね！」とニコニコしながら話す彼女に、私も幸せな気持ちになりました。

ちなみに、私が男性にすすめた絵本のもう1冊は、『幸福な質問』。大切な人を想う気持ちをまっすぐ描いた、こちらも名作です。

久しぶりにページをめくって、日々ぞんざいに扱っている夫を少しは大切にせねばいかんと反省した私。初心を思い出したいかたにもおすすめですよ！

私がおすすめした本

『しろいうさぎとくろいうさぎ』

（ガース・ウィリアムズ 著／まつおかきょうこ 訳／福音館書店）

仲よしの2匹のうさぎの物語。50年以上前に発行された絵本ですが、今もなお読み継がれている名作です。結婚のお祝いにはもちろん、読み聞かせにも！

『幸福な質問 New Edition』

（おーなり由子／講談社）

「明日一日で世界がなくなってしまうとしたら、どうする？」彼女の質問に彼は……。大切な人を想うって、こういうことだよねと再認識できます。大切な人へ手紙代わりの贈り物としてぜひ。

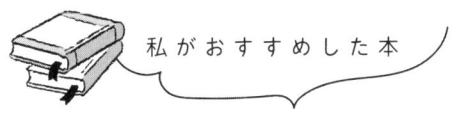

第3話

仲よし夫婦&仲よし家族に、ほのぼの

先日、案内カウンターにやってきた男性は30代前半くらい。パリッとしたスーツを着こなしたすてきなかた。

「何かお探しですか？」と声をかけてみると、「入院した妻が退屈しているので」と、少し照れながら言うのです。その照れ顔、萌える……!!

人さまのご主人に萌えつつ、奥さまの読書傾向を伺ったら、「妻が読書しているのを見たこと、ないです」。え？ 漫画は？「漫画も読まないです」。

ファーーーーー（心の奇声）!! あなた、なんだって本を読まない人に、本を買いに来たんだい！

こうなったら、どんな人なのかを追究して、好きそうな本を探るしかないというわけで尋ねると、男性は急に楽しそうな表情に。

「前回の冬、寒かったですよね。妻は寒がりでホットカーペットを通販で買ったんですが、サイズを間違えて、大きいサイズのものが届いたんです」

ふむ。ちょっとおっちょこちょいなかわいい人ねと、心の中でうなずく私。

「あまりに大きいので、『返品交換ができるか確認しなよ』と言ってから仕事に行ったんですけど、帰ってみたら、中の電線もろとも、部屋のサイズに合わせて切っていました。『これじゃ危なくて、使えないよ！』と言ったら、『え、そうなの〜？』って。そんな嫁です（笑）」

お、おぅ。その話を聞いても読書傾向は一切わからないけど、妻が面白いヤツなのはよくわかったぜ‼

さて、そんなオモシロ妻に一体全体どんな本をおすすめしたらよいのか、頭を悩ませつつ選んだ本は、『家に帰ると妻が必ず死んだふりをしています。』。ネットの相談コーナーに実際に投稿された質問から生まれた、ある夫婦の物語の漫画化。毎日あの手この手で死んだふりをする妻の行動は悪ふざけなのか否か。きっと、このオモシロ妻なら共感するのでは。

そして、おまけとして『よつばと！』をご主人に。この漫画は、5歳の女の子、よつばちゃんの生活を描いたお話。

よつばちゃんのお父さんは、世界一すてきなお父さん（私調べ）。妻の退院まで1人で育児をしているお客さまの「ワンオペ育児の大変さ、わかりました」との言葉が印象的だったので、おすすめしました。

どちらの本もお買い上げくださったお客さま。1週間後、続きを買いに、お子さんと再来店！　家族で漫画を回し読みできるのは、仲よしの証拠ではないかと、私は思うのです。

私がおすすめした本

『家に帰ると妻が必ず死んだふりをしています。』

（K.Kajunsky 作／ichida 漫画／PHP 研究所）

不思議ちゃんの妻と冷静な夫の日常がつづられている漫画。夫婦の対比が面白く、夫の寛容さに救われ、ほのぼのします。

©KIYOHIKO AZUMA／YOTUBASUTAZIO

『よつばと！ 15』

（あずまきよひこ／ＫＡＤＯＫＡＷＡ）

小さな女の子の日常を描いた物語。１巻の帯に書かれているコピー「いつでも今日が、いちばん楽しい日。」という言葉を体現しているのが、主人公のよつばちゃん。楽しさ炸裂！　全編とおして悪い人が１人も出てこないところもいいんです。

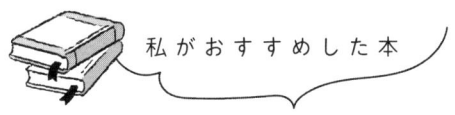

第4話

読書感想文は、親にとっても一大事！

夏休みが始まりました！　この時期の書店は、自由研究や読書感想文のコーナーをつくり、なかなかの活気です。私も早速、息子（高1）と読書感想文用の本を買いに近所の書店に出かけました。「この作家さんはいいよ！　これは感想文向き。でも、たぶんキミの好みでいうと、こっちのほうがいいかも」とか、「古いけど、これは読んでおくべきよ！」とか、まくし立てる母（私）と、圧倒される息子。

息子がお会計に行っている間、棚を物色していたら、近くにいた女性から声をかけられました。「あの～、中学生の感想文向けの本で、おすすめはありますか？」。え？　今、私もお客さんだよね？　買い物をしていたのは、私の職場ではない、別の書店なのです。なんだろう、この不思議な状況は……。結局、数冊の本をご紹介。図らずも他店の売り上げに貢献してしまいました。

今回は、そんな番外編（？）からスタートしましたが、私の働く書店にも続々と、感想文用の本の問い合わせにお客さまがいらっしゃいます。「これ、話題の本だからきっといいわよね？」。素晴らしい本ですが、女性の老後の生き方を描いた作品で小学生にはどうでしょうか……。

「うちの子、本はあまり読まないんだけど、これどうかしら？」。完結まで全4巻ありますが大丈夫ですか⁉　といったぐあいです。

「これ、感想文向き？」とのお問い合わせに、「とてもよい本ですよ」とお答えしたところ、おもむろに手帳を取り出してペンを構え、「それならあらすじを結末まで教えてくださる？」。あああ、お客さま！　それはダメです（笑）‼　お母さんの本気を垣《か》い間《ま》見ることができるのが、この時期の書店なのかもしれません。

ちなみに、私がおすすめしたのは、『かがみの孤城』と『さよなら、田中さん』。前者は、2018年の本屋大賞に輝いた名作。親御さんもぜひ読んでみてください！　ぜひ、と、必ずお伝えしています。『さよなら、田中さん』は、なんと作者が中学生！　同世代の子どもたちに読んでほしい1冊ですが、作者の年齢を知らずに読んでも素晴らしいですよ。

おまけになりますが、息子にすすめたのは『六番目の小夜子』。息子から「こないだ買ってもらった小説、すごく面白い！」と言われたとき、書店員であり、母でもある私は、小さくガッツポーズをしたのでした。

私がおすすめした本

『かがみの孤城』

（辻村深月／ポプラ社）

不登校になってしまった女子中学生が鏡の中の世界と現実を行ったり来たりするファンタジー青春小説。中高生に手放しでおすすめしたいと思える本は久しぶり。親の視点からも共感しました。

『さよなら、田中さん』

（鈴木るりか／小学館）

貧乏な母子家庭で育つ、小６の女の子の物語。中学生の作品ということに度肝を抜かれましたが、そんなことに関係なく面白く、泣けます。小学校高学年から、大人まで楽しめます。

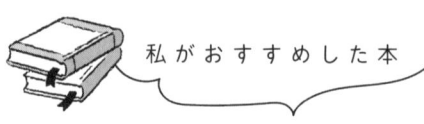

第5話

恥ずかしいタイトルだっていいんです！

「もしもし。明日発売の『○○の××が※※』ですが、入荷ありますか？　そうですか……」「もしもし、明日発売の『○○の××が※※』なんですが……」

明日発売の本『○○の××が※※』(↑口にするのもはばかられるタイトルのボーイズラブコミック)がトラブルで入荷しません(泣)。予約をいただいているので、系列店に譲ってもらえないか電話で確認しているのですが、軒《のき》並《な》み断られ、レジ横にあるカウンターで恥ずかしいタイトルを連呼するはめに。通りかかったお客さまがギョッとするのだけれど、なりふり構ってはいられない。私の使命は、ご予約のお客さまに『○○の××が※※』を無事にお届けすることなのだから。店内の風紀を乱しつつ問い合わせすること数十分。なんとか確保。グッジョブ私！　今晩のビールはきっとおいしい！

さて、そんなわけで今回は注文しにくいタイトルについてのお話です(前ふり長かったね)。『夫のちんぽが入らない』は、衝撃的なタイトルもあって、とても話題となりました。当店でもたびたび品切れとなり、何度となく出版社に電話。注文するときは、もちろんタイトルを言わなければならないわけで。いえ、書店も出版社も仕事ですので、何食わぬ顔で電話しているのですが……。「もしもし、〇〇書店ですが、注文お願いします。タイトルは『夫の……』」『入らない』ですね?」。皆まで言わせまいと、食いぎみに続ける出版社さん。その節はお気づかいいただき、ありがとうございました(笑)。

この衝撃タイトル本の著者の2作目『ここは、おしまいの地』も良作。心の柔らかい部分をむき出しに語っているのに、時に笑い声を上げてしまうくらい文章が面白い。不思議なバランスに夢中になります。

ここ最近で問い合わせが多かったのが『ビロウな話で恐縮です日記』。三浦しをん氏の名著が文庫化されました。お客さまが「あの……」と恥ずかしげに問い合わせにいらっしゃるさまに、萌えに近い感情を抱いているしだいです。うん恥ずかしいよね。でも面白いよ! 読了後には今の恥ずかしさなんて吹っ飛ぶぜ! どんな問い合わせも書店員は慣れっこですから、お気軽にお問い合わせくださいませ。
ふだん使わないような言葉を口にしている自分を、私はいつもちょっとだけ、面白がっています。

私がおすすめする本

『ここは、おしまいの地』

（こだま／太田出版）

おしまいの地と著者が名づける土地を舞台にした自伝的エッセイ。著者は意図していないように思えるけれど、笑えて、泣ける、不思議な魅力にあふれる１冊です。

『ビロウな話で恐縮です日記』

（三浦しをん／新潮文庫）

こんなにも笑えるエッセイを書くかたが、実は直木賞作家というギャップ！　エッセイにつく著者自らによる脚注も面白さを増幅してくれます。文庫版のジェーン・スーさんによる解説も必読です。

第6話

実用書の陰にもドラマがあった!

片づけの本を買う人のお財布がぐちゃぐちゃで、ポイントカードが見つからない(まずは財布の中から?)。家計簿の本を買った人が、レシートはいらないと言う(家計簿、明日から始められるのかな?)。『これをすれば幸せになれる(仮)』的な本の在庫がございませんと伝えたら、舌打ち(たぶん、その本に『笑顔が大事』って書いてあるよ☆)。

実用書を買われるお客さまの行動には、時折大きな矛盾が……(笑)。

先日、小さな工場を経営されているというおじさんがやって来ました。

「『日本一社員が辞めない会社』って本、あるかな? うちの会社、先月4人も辞めちゃってね(笑)」。おじさーん、笑ってる場合じゃないよ!! と思いながらも本をご購入いただいた、その翌日。

社会人になりたてかしら、ピカピカのスーツに身を包んだ女の子が来店。上司とうまくいかず、今日も「机の乱れは心の乱れ！」と注意されてしまったのだとか。私にはピンとくる1冊がありました。『デスクと気持ちの片づけで 見違える、わたしの仕事時間』。読んだとき、若いころの自分に読ませたかったと思ったのです。

「すぐにお持ちしますね」と立ち上がりかけたとき、昨日のおじさんが、ドカッともう1つあるいすに座りました。「昨日の本を読んで、若いやつのことわかってないって反省したわ。だから、若いやつの気持ちがわかる本買いに来たぞ！」

女の子が目を丸くして、おじさんを見ています（おじさん、そういうとこだぞ！）。私が「先のお客さまがお待ちなので」と言うと、女の子は「私は待てますので、お先にどうぞ」。

それでは、とおすすめしたのは、『モチベーション革命　稼ぐために働きたくない世代の解体書』。現代の若者と、その上司世代の違いを論理的に記している1冊です。ひととおり説明すると、おじさんは「それ買うわ！」とレジへ。

カウンターには再び静寂が訪れ、あらためて女の子に「すぐに本をお持ちします」と伝えたところ、「はい。それと、さっきのかたに紹介された本も読みたいので買います。上司世代の説明も書かれているんですよね？」。
偶然おじさんと居合わせなければ、その本が彼女のもとにやって来ることはなかったかも。彼女に、新しい発見がありますように！

私がおすすめした本

『デスクと気持ちの片づけで見違える、わたしの仕事時間』

（Emi／ワニブックス）

デスクの片づけの指南書のようですが、それだけではなく、ささいなことの積み重ねで、仕事への向き合い方を変えてくれるかもしれない本です。実例が充実していることもおすすめポイント。

『モチベーション革命 稼ぐために働きたくない世代の解体書』

（尾原和啓／幻冬舎）

現代の若者と、上司世代の仕事観の違いをわかりやすく説明してくれています。母という観点からも、なるほどと思うことが多く、上司や先輩世代にこそ読んでほしい、処方箋のような１冊。

第7話

子育てに、涙や白目はつきもの？

皆さま、こんにちは。今日も息子から「クソババア」と言われました。書店員です。あれだよね、順調に思春期を迎えた証拠として、クソババアと言われたら子育ては成功だって言うじゃない？　私の子育て、成功してるわー（白目）。

悩める母というのは、この世にたくさんいるもので……。先日、娘と図書館に出かけたときのことです。

ベンチで本を読んでいたら、娘が突然慌てだし、「ママ、ティッシュ！」と言うのです。鼻みずでも出たかとティッシュを渡し、ふと顔を上げると。

わお。泣いている若いお母さんにティッシュを渡す娘の姿が！

行きがかり上、話を聞くと、「育児に悩んでいるけれど、引っ越してきたばかりで話せる相手もいなくて。地元のいちばん仲のよい友達に電話しようとも思うけど、未婚で仕事が忙しいみたいで」と、なかなかの重い悩み。そりゃ、涙も出ちゃうよね！

そのとき、私は話を聞くことしかできず、お別れしたのですが、数日後、彼女はスッキリした表情で書店に顔を見せてくれました。その日はご主人がお休みで、お子さんの面倒を見ているので気晴らしに出かけてきたら？　と提案してくれたそう。そして聞けば、私のことを以前書店で見かけたことがあって、わざわざお礼を言いに来てくれたというのです。

「おすすめの本を教えてほしい」という彼女に、育児の合い間にも読みやすい2冊の本を紹介しました。

『みしのたくかにと』。息子が小さいころ、育児に悩んでいた私に、先輩ママが教えてくれた絵本なのです。子どもに読み聞かせても楽しい童話の顔をして、実はお母さんへのメッセージがふんだんに詰まっていますよ！

もう1冊は、『Aさんの場合。』。同じ会社で働く、独身のAさんと既婚子ありのBさんの2人の視点で物語が展開。女性ならばきっと、Aさん、Bさん、どちらの気持ちもわかるのではないでしょうか。

図書館で彼女に会った日の帰り道、娘が「大人も泣くんだねー」とつぶやいていたのが印象的でした。大人も、悲しい日も寂しい日も、すごくうれしい日だってあるのよ。

ママも子どものころは、大人にもそんな日があるって知らなかったな。

「そういえば、ママってしょっちゅう泣いてるよね」

娘よ、いつか君も知るかもしれないが、母親って世界一涙もろい生き物なんだぜ。

私がおすすめした本

『みしのたくかにと』

（松岡享子 作／大社玲子 絵／こぐま社）

太っちょのおばあさんがまいた種が、王子を救う。そんな外国の童話のような絵本『みしのたくかにと』ですが、子育てのヒントもいろいろ。不思議なタイトルの種明かしは、ぜひ本の中で。

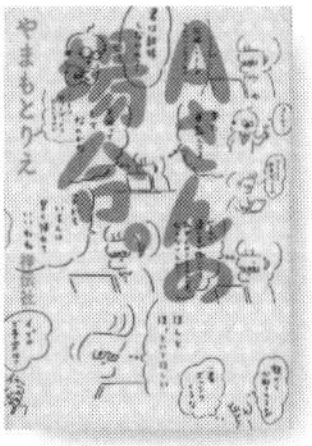

『Aさんの場合。』

（やまもとりえ／祥伝社）

独身のＡさんと既婚子ありのＢさんの、２人の女性の視点で描かれる軽いタッチの 16 コマ漫画。とかく対立軸で描かれがちの視点ですが、人にはそれぞれに幸せがあり、悩みがあり、登場する女性たちにだれもが共感できるはず。

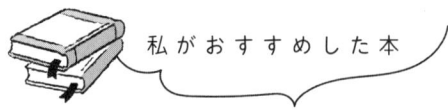

第8話

事件はクリスマスの書店で起きている

1年で本屋がいちばん忙しい時期、それは12月。書店で働き始めて、クリスマスプレゼントに本を選ぶ人がたくさんいるのだと知り、とてもうれしかったんです。ただ、ただね。ほんとすごいの、12月。超忙しいの（忙しさのあまり、語彙力が低下）。右端のレジには、10冊の本を1冊ずつ包装してほしいというお客さまの、包装紙の確認に手間取っている後輩の姿が。臨時のラッピングブースでは同僚が、子どもに大人気☆顔がパンでできている某ヒーロー（丸顔）の顔形の本を包むのに四苦八苦。

そんななか、案内カウンターに、おしゃれなシャツのおじさまがマジックの本を注文にいらっしゃいました。連絡先を記入するために使ったボールペンをお返しいただくと、あれ？

ボールペンが2本、3本と増えていく……マジシャン!?　その後も次々に繰り出されるテーブルマジックにスタンディングオベーション（ちなみに観客は私1人）。そろそろハトが出てくるのではとドキドキし始めたころ、おじさまはお帰りに。と思いきや、「ごめんなさい。忘れ物」。困惑していると「お嬢さんの右ポケットに」。ポケットを探ると、小さなサンタの人形が入っていたのでした（驚愕）。

次はアラフォーの女性が、『名探偵コナン』全巻を包んでくれる？」。ヒーーー！　ありがとうございます‼　現在95巻まで出ていますが⁉（当時です。現在は105巻です）。ラッピングしてほしいという要望に白目になりつつ、どうにか形にして、台車で車まで運ぶと、笑顔でお帰りになられました。あの、ものすごい重さの箱は、車から家に運び込めるのかしら……。

ヨレヨレで案内カウンターに戻ると、次にやって来た若い女性は、大学生のめいっ子と高校生のおいっ子にささやかなクリスマスプレゼントを贈りたいとのこと。なんて平和で、幸せなお問い合わせ！

おいっ子さん用には、伊坂幸太郎さんの『クリスマスを探偵と』をおすすめ。クリスマスにぴったりな大人向けの絵本です。

めいっ子さんには、江國香織さんの短編集『つめたいよるに』を。文庫なので、革のブックカバーと一緒にプレゼントすることになりました。
幸せと喧騒がごちゃ混ぜの、クリスマスシーズンの書店。いろいろ書き連ねましたが、どんなラッピングも頑張ってお受けしております（笑）。

私がおすすめした本

『クリスマスを探偵と』

（文 伊坂幸太郎／絵 マヌエーレ・フィオール／河出書房新社）

クリスマスの夜に尾行をしている探偵がある男に出会い……。『クリスマスを探偵と』は、絵本仕立ての心温まるファンタジー。ミステリー作家らしく、どんでん返しもあり。伊坂幸太郎流のスパイスもきいています。

『つめたいよるに』

（江國香織／新潮文庫）

ごくごく短いお話を21編収録。人気作家、江國香織さんの初期の作品集ですが、どこかはかなく胸を締めつけられるお話が集められています。教科書にも採用された「デューク」は必読！

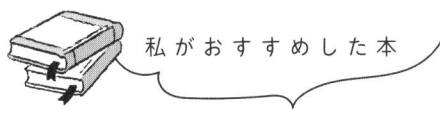

(書)(店)(員)あるある
12月はひたすらラッピング

第9話

70歳過ぎても書店には刺激がいっぱい！

人気コミックの発売日。当店では、レジ前にそのコミックを積み上げておくのですが……。先日、70代後半くらいの和服姿のご婦人が『ONE PIECE』を購入されました。お孫さん用？　と思い、「袋をお分けしましょうか」と言ったところ、「すぐ読むから、袋はいらないわ」。私が手を止めて顔を上げると、「ふふふ。サンジ、どうなっちゃうのかしらね」と、ほほえむご婦人。ご自身で読んでらっしゃるとは!!先入観にとらわれてはいけないと感じる出来事でした。

その後、ご婦人とは、おすすめの漫画を教え合う関係になりまして、案内カウンターで雑談を楽しんでいた、ある日のこと。歴史マニアの彼氏と旅行をするという、20代前半の女性がお問い合わせにいらっしゃいました。

「歴史が頭に入らなくて困っているので、わかりやすいガイドが欲しい」という女性に、ご婦人が「新潟に行くなら『雪花の虎』を読んでみてはいかが？」と。（ご婦人よ、それは私の仕事です）と思いつつも、なんてよいセレクトと感心しきり。『雪花の虎』は、上杉謙信の一代記を描いた漫画。謙信は、実は女性だったのではないかという説を軸にドラマチックに物語が展開していきます。私も大好きな作品で、ご婦人のセレクトに全力で賛同しました。

でも、私も仕事をしなければばと、彼女におすすめしたのが、『超現代語訳 戦国時代 笑って泣いてドラマチックに学ぶ』。この本、いろいろなかたにおすすめしているのですが、本っ当に面白いんです‼ 日本史を1つのドラマとして、会話劇（超現代語）で読ませるという斬新な試み。

楽しく読んでいるうちに、歴史の大まかな流れと登場人物が頭に入ってしまうお得感。歴史が苦手な夫にも強力プッシュで読ませて、「面白い‼」という感想を引き出した、心からおすすめの1冊です。これを読んだら、だれでも戦国武将がいとおしくなる（はず）！

ご婦人と私のおすすめをどちらも購入して帰っていく女性の後ろ姿を見送りつつ、ご婦人が、「私には、おすすめはないのかしら？」と、ほほえみます。そのにこやかな笑顔に圧を感じつつ、震える声で「『メタモルフォーゼの縁側』はもう読まれましたか？」と聞く私。幸いにも、「気になってたけど、まだ読んでないのよねー」という答えを受けて、にんまりしたのでした。

私がおすすめした本

『超現代語訳 戦国時代　笑って泣いてドラマチックに学ぶ』

（房野史典／幻冬舎文庫）

応仁の乱から始まる戦国時代を語る歴史本。お笑い芸人が著者だけあって、読みやすいだけでなく、思わず、にやにや笑ってしまう面白さ。

『メタモルフォーゼの縁側』

（©鶴谷香央理／ＫＡＤＯＫＡＷＡ）

子どもが独立し、夫に先立たれた、１人暮らしのおばあさんが主人公の漫画。おばあさんが、突然、書店で出合ったのが、なんとボーイズラブのコミック！　新しい趣味との出合いで、世界が楽しく色づいていく様子が描かれます。

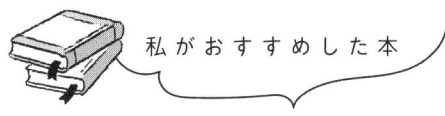

第10話

料理本の世界には、「ママ」がいっぱい!?

「なんとかママって人のレシピ本が欲しいんだけど……」というお問い合わせの多さよ。「なにママですか?」と聞いてみても、「何だったかなー、なんかこう、あだ名みたいな感じ」。

ご存じかな? レシピ本コーナーには『なんとかママ』があふれていることを。声を大にして言いたい。書店にいらっしゃるときに必要なのは、「ママ」のところジャナイヨー!! その上!! ママの部分は、いっそ忘れていい。上のところだけ覚えて!! これ大事。次のテストに出ます!!

一生懸命探してみたのに、お客さまがお探しだったのはなんとかママじゃなくて、てんきち母ちゃんだったりするんだから(惜しいぞ☆)。

さて、いつも漫画や小説を注文されていく、20代半ばくらいの常連の女性とお話ししていたときのこと。お客さまが、「私、すごく料理が下手なんです。レシピ本を見てもうまく作れなくて。前の彼からも『料理が下手すぎて結婚生活を想像できない』って言われてケンカになって、それが原因で別れたんです……」。

ええええ⁉ そんな男とは別れて正解じゃない！ 料理なんて、得意なほうが作ればいいじゃないの（怒）‼

もうすっかり吹っ切れて、料理を作れるようになろうと本を買っては、失敗しているという彼女に、それならとレシピではなく、料理に関係する本をおすすめ。

1冊目は、『広告会社、男子寮のおかずくん』。登場する料理もおいしそうなのですが、お仕事漫画としても楽しめる、二度おいしい漫画です。

そして、2冊目は『ｓｙｕｎｋｏｎ日記 スターバックスで普通のコーヒーを頼む人を尊敬する件』。今や押しも押されもせぬ人気料理家さんのエッセイです。とにかく面白く、でもただ笑えるだけじゃない。彼女にしか書けない本だなと感服しました。

「これで、少し料理に興味を持てるようになるかも」とニヤリとして、お客さまはお帰りに。それから1カ月くらいたったある日。久しぶりにやって来た彼女は、「好きな人ができたんです～♡ バレンタインチョコ、生まれて初めて作ってみることにしました！」と、ウキウキとお菓子作りの本を買って帰りました。いつか、「なんとかママのレシピ本ありますか？」とやって来る日も近いかも？　そのときは、ちゃんと料理家さんのお名前をメモして来てね（笑）！

私がおすすめした本

『広告会社、男子寮のおかずくん』

（オトクニ／リブレ）

登場するのは、毎日超多忙な西尾くん。週に一度男子寮で同期４人のおかずを作るから、あだ名はおかずくん。今日から作れる実用的なレシピも載っています。そのうえ登場する４人がイケメンです。

『syunkon日記 スターバックスで普通のコーヒーを頼む人を尊敬する件』

（山本ゆり／扶桑社）

人気料理研究家の山本ゆりさんのエッセイ。共感と爆笑が交互にやってきて、最後まで飽きません。飾らない正直なところも素敵で、祖母エピソードも鉄板です！

第11話

親孝行息子のリクエストは、俺に任せろ！

その日も書店は大忙し。図書カードの注文や贈り物、お問い合わせが次々に。長い列の最後に並んでいた男子高校生のお会計までできたのを見届けたところで、隣のレジにいた同僚が、「ごめん！　どうしても棚に出しておきたい本があるから、少しレジを離れてもいい？」。「ここは任せろ!!　俺のことは気にせず行け!!」とふざけて返事をすると、お会計中の高校生がブッと吹き出しました（仕事中の私語は慎みましょう♡）。

そんなことがあった数日後、その高校生が再来店。彼は大学進学が決まり、来月から1人暮らし。シングルマザーのお母さんに「たくさん苦労をかけたので、何かプレゼントをするよ」と伝えたら、お母さんの返事はなんと、「あなたがいなくなった後、寂しさを忘れるくらい面白い本。親子の泣かせる話は却下よ!!」。

「難問!!」と私が言うと、彼は「この間、店員さんがふざけて言ったセリフ、母も言いそうだなと思って……。よい本を紹介してもらえるかな」と恥ずかしそうに言います。

かか、かわいいい‼ よし、俺に任せろ‼（のせられるタイプ）。

何冊か紹介した後、「自分が読んで面白いものがいいんじゃないかな？」とアドバイスすると、「図書館で読んでから決めます」。後日、きちんと読み終えて買いに来てくれました。今回は、お母さんがふだん読まないというジャンルの中から2冊。『あきない世傳　金と銀』は、私が絶対に面白いと太鼓判を押せる時代小説。私自身、次巻が待ち遠しい読者の1人なのです。もう1冊は、『本好きの下剋上』を。息子さんがふだんから親しんでいるライトノベルの中から、本好きのお母さんに向けたセレクトです。彼は「はじめて読みましたが、時代小説、面白かったです」と、プレゼントを抱えて帰りました。

そして、新学期が始まって1カ月がたった頃、彼のお母さんがお礼に来店。「泣くのを忘れるくらい面白い本とお願いしましたが、息子が買ってくれたものだと思うと泣けて泣けて（笑）！」。新天地で頑張る息子さんに、仕送りと一緒に送るのだと本を購入。「手紙を同封しようと思ったけど、湿っぽくなるから、やめるわ」。代わりにマジックを取り出し、本の見返しに大きく「ガンバレ!!」と書き、息子さんとよく似た顔で、にっこり笑ったのでした。

私がおすすめした本

『あきない世傳　金と銀　源流篇』

（髙田郁／ハルキ文庫）

人気の女性歴史小説家によるシリーズ第１作。奉公に出た娘が、商人の町大坂で、商売を学びながら成長していく物語。賢く、しなやかで清い主人公が道を切り拓いていく様子を、応援せずにはいられません。すぐ続きが読みたくて本屋に行きたくなるはず。

『本好きの下剋上～司書になるためには手段を選んでいられません～第一部「兵士の娘Ⅰ」』

（香月美夜 著／椎名優 イラスト／TO ブックス）

本を愛する主人公が、異世界で幼い少女に転生。その世界にはなんと、本がありません！　本を手に入れるために奮闘する少女の物語。ライトノベル入門におすすめ。

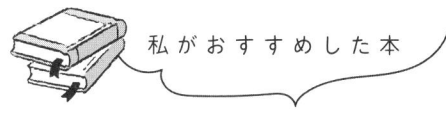

第12話

おすすめ本対決で、本が読みたくなる!

ビブリオバトルってご存じですか？　参加者が本を紹介し合い、それを聞いた観衆がいちばん読みたくなった本に投票するという催しです。

先日、娘が学校のビブリオバトルに参加するからと紹介文を考えているのを見て、「ほお、最近の学校はハイカラなことをするものじゃのう」と感心していたのですが、今やあちこちで、このイベントは開かれているようです。

そんなある日、ふだんから読んだ本を教え合っているほど気心の知れた常連の男性が、案内カウンターにやって来ました。

「先週、ビブリオバトルに参加したのだけれど、対戦相手がすすめていた本が面白そうで、それを買いに来たんだ」とおっしゃいます。

「また来月参加することになっていて、次回のテーマは『スリルとサスペンス』なんだけど、店員さんなら、何を選ぶ？」と聞かれ、私がおすすめしたのは『代償』。だれが読んでも面白いと思えるものでないと！　と思い、選びました。

　この本は、開いたら最後、一気読み必至のサスペンス小説。おすすめポイントをお話しすると、お客さまは早速お買い上げくださいました。

　さて、その日の午後。白髪交じりの50代の男性がカウンターに。時々お見かけする顔です。「先週、ビブリオバトルに出たんだけど……」。あれ？　デジャヴかな？

「対戦相手のおすすめ本があまりに面白そうで買いに来たんです」。なんたる偶然か、午前中のお客さまの対戦相手も本を買いに来たのです（笑）。そして、やはり来月のバトルにも参加されるそう。

「紹介する本の候補はあるんですが、決め手に欠けて。店員さんなら何を紹介しますか？」

「えっと、午前中、同じ質問に『代償』をおすすめしたんですが……（心の声）」。対戦相手と同じ本というわけにはいきません。少々悩んで、こちらのお客さまには『噂』を。作者の荻原浩さんは、直木賞の受賞作品もある、心温まる物語の名手ですが、サスペンスのイメージがないのが新鮮だとお買い上げくださいました。

それにしても、対戦された2人が、お互いのおすすめ本を買いに来るなんて、よほど上手な紹介だったんでしょう。次回の対戦は、その場で聞いてみたい！
「そのビブリオバトルはいつ開催なんですか？」と、真顔で聞いてしまった私でした。

私がおすすめした本

『代償』

（伊岡瞬　ＫＡＤＯＫＡＷＡ／角川文庫）

遠縁の家に引き取られた小学生の圭輔は、同学年の達也と暮らすことに。過酷な思春期を送った末、弁護士に。そこへ達也が犯罪者として弁護の依頼をしてきます。怒濤のような展開に平日の夜に読み始めたことを大後悔！

『噂』

（荻原浩／新潮文庫）

「レインマンが女の子の足首を切る」という都市伝説が現実となり、足首のない少女の遺体が発見されます。世界が一転する仕掛けが隠されているので、気を抜かずにお楽しみください。

書店員あるある
ともかく道を聞かれます
CASHIER
いらっしゃいませ
駅はどちらかしら？

第13話

ペットロスを癒せるのは、書店!?

先日、息子が犬を拾いまして。成犬です。さらに言えば、大型犬。ゴールデンレトリバー。でも、困ったことに、すでにわが家にはゴールデンレトリバーがいるのです(ちなみに、わが家の愛犬も元は捨て犬。ゴールデンレトリバーって、こんなに頻繁に落ちてるもんなの?)。

ある日、泣きはらした顔の常連さんが、書店の案内カウンターにやって来ました。一昨日、飼っていた犬を亡くし、お葬式をすませたばかり。「見事なまでにペットロスになってしまって……」と、気晴らしに本を探しにいらっしゃったのだとか。

愛犬の写真をスマホにたくさん保存していて、来店されるたびに私にも見せてくださっていたので、その喪失感は、計り知れません。私もペットを飼っているので気持ちがわかります。ここはむりに忘れようとするのではなく、犬との生活を懐かしめるような本にしてみては？　と、2冊おすすめしました。

『犬（きみ）がいるから』は、翻訳家、村井理子さんご一家と愛犬ハリーの1年をつづったエッセイです。ずっと一緒に暮らしていた老犬を失ったあと、ハリーがやって来て、だんだんと家族になっていくさま、双子の息子さんたちの成長、加えて村井さん自身も大病をされ、平坦ではない一家の1年間がつづられています。

もう1冊は『はなちゃんの夏休み。』。女優、石田ゆり子さんの愛犬のラブラドールレトリバー、はなちゃんの目線で、日記がつづられています。作中、ゆり子さんは「ばあや」として登場（美しいばあやだ……）。悲しいことに、実は、はなちゃん、今は天国にいます。

想像でしかありませんが、つらいお別れを経たゆり子さんはそれを乗り越え、現在は、雪ちゃんというゴールデンレトリバー（加えて猫4匹！　※当時です。今は増えて6匹！）と暮らしているのです。

愛犬を失い、飼い主が悲しみに暮れているということは、その犬がそれだけ愛されていた、幸せだったということでもあります。たくさん泣いて、たくさん思い出してあげるといいのではないでしょうか？　とお話しすると、常連さんは泣き笑いで帰っていかれました。

　さて、わが家の息子が拾った犬は、新しい飼い主が見つかりました。飼い主が見つからなかったらどうしよう！　困る！　と大騒ぎしつつも、犬2匹との生活を想像してワクワクしていたのは、ここだけの秘密です。

私がおすすめした本

『犬（きみ）がいるから』

（村井理子／亜紀書房）

琵琶湖のほとりで暮らす翻訳家が、イケメンならぬイケワン、ラブラドールレトリバーのハリーとの暮らしをつづったエッセイ。大きな犬との暮らしの楽しさも大変さもギュッと詰まっています。

『はなちゃんの夏休み。』

（石田ゆり子／ほぼ日ブックス）

石田ゆり子さんの愛犬はなちゃんから、糸井重里さんの愛犬にあてた夏休みのお便りという仕立ての１冊。犬と猫を愛する石田ゆり子さんの、おちゃめでかわいい一面を教えてくれます。

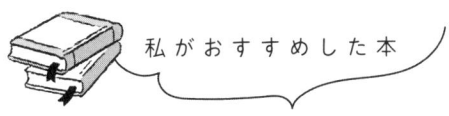

第14話

書店で学ぶ、人と自分を比べない術

問い合わせカウンターに座っていると、時には苦情をお受けすることもあります。先日、ご意見をいただいたかたは常連さん。苦情だけでは、申し訳ないと思われたのか、私のことをいい人とおっしゃってくださったうえで、「いつも雑誌のコーナーにいるかた！　あのかたってきれいでいい人よねー！」。ふむ。私は「いい人」で、雑誌担当のMさんは「きれいでいい人」かい。あのー。容姿で差別するのはやめていただけますかね？　無駄に心がささくれ立つわー。

ご意見のあとにMさんの美貌をひたすらにほめちぎって、お客さまがお帰りに。小さくため息をついていたら、近くで本を物色されていた女性のお客さまが「お疲れさまでした」と声をかけてくださいました。「いえいえ、お客さまの貴重なお時間を使ってご意見をいただいているので、ありがたいことです」と返すと、「さっきのかた、ずっとほかの店員さんとあなたを比べてらっしゃったでしょう？　私がそれをされたらすごくつらいなあと思って。私、ものすごく気にしいなので……」と。

人と比べて悩んでしまうかたって実はとても多くて、対処法の本のお問い合わせもよくいただきます。では、『多分そいつ、今ごろパフェとか食ってるよ。』をぜひ、とそのお客さまにおすすめ。そして、樹木希林さんの『一切なりゆき』も。この本には対処法が書かれているわけではないですが、素晴らしいメッセージがたくさん！「おごらず、他人《ひと》と比べず、面白がって、平気に生きればいい」という有名な言葉には、私自身、とても励まされているんです。

気に入ってどちらもお買い上げくださったお客さま。とてもかわいらしい雰囲気のかただったので、少しでも自分を好きになってもらいたいと思った出来事でした。

ちなみに、私とMさんは仲よしですが、苦情のお客さまがMさんのことばかりほめていたのは事実。休憩室でMさんに、「んもう！　今からMさんの悪口を言うからね！　まず、おっちょこちょいでしょ。あと、天然。今朝もバックヤードに何しに来たのか思い出せなくて困ってるところ見たよ！」。

むなしい……。美人でおっちょこちょいなんて、最強じゃないか！　チックショー！　あーあ。私も「美人でいい人」って言われたい！（先日買った美容とダイエットの本は未開封だけどね）。

私がおすすめした本

『多分そいつ、今ごろパフェとか食ってるよ。』

（Jam マンガ・文／名越康文 監修／サンクチュアリ出版）

人間関係の指南書は数あれど、群を抜いて読みやすい１冊。猫のゆるキャラが活躍する４コマ漫画とエッセイという仕立てで、サバサバした友達に指摘されている感覚で読み進められます。

『一切なりゆき～樹木希林のことば～』

（樹木希林／文春新書）

樹木希林さんの生前のインタビューなどから、印象的な言葉を集めた本。きっとどんな人にも響く何かが見つかるはず。一生大切に覚えておきたい言葉が詰まっています。

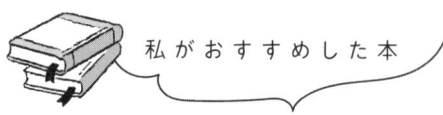

第15話

男性の手元にはミッキーマウスの腕時計

実は、夫の転勤が決まり、勤めていた書店を退職しました。え！　それじゃこれからは「元書店員は、見た！」とか「丸顔の女は、見た！」とかになっちゃうの⁉　とお思いの皆さま、大丈夫、心配ご無用です。

また書店に採用され、堂々と書店員を名乗る権利を与えられました（丸顔も絶賛継続中）。

さて、今回は昔話をさせてください。15年ほど前のことになりますが、私は、ロンドンの友達に会うために高速バスで成田空港へ。そして、飛行機の座席で、同じ高速バスに乗っていた会社員風の男性と、偶然に隣り合わせになりました。

空港の書店で本を買って、飛行機に乗り込んだ私。なんと、その本は飛行機事故にまつわる話（苦笑）。

読み始めは驚きましたが、あっという間に物語に引き込まれて、涙ぐみながら読み終えたところ、隣の男性と目が合いました。「面白いですか？」と聞かれ、「はい。よかったら読まれますか？」と聞くと、ぜひ読みたいとのこと。どうぞ、と本を差し出すと、男性の手元にはミッキーマウスの腕時計が。

「腕時計、素敵ですね。『ダ・ヴィンチ・コード』のラングドン教授みたい」と、当時のベストセラー小説の主人公の名前を出すと、彼は「帰国したら読んでみます」。その後、静かになった機内でグスグスとはなをすする音が……（笑）。男性が夢中で本を読んでいるのだとわかり、私はうれしい気持ちになりました。

私が貸した本は『神はサイコロを振らない』。飛行機が着陸したあと、「あと少しだったんですが、読み終わらなくて残念です」と返されたその本を、「よかったら差し上げます」と渡してお別れしました。

さて、時は現在に戻ります。ほんの数日前、働き始めた書店のレジで、見覚えのあるかただなと思いながらお会計をしたところ、お釣りを渡すときにお客さまの手元には、あのミッキーの腕時計が!!

私の記憶より少しふっくらした男性は、私には気づかずにお帰りになりました。今働いているお店はバスターミナルの近く。きっと近くにお住まいなのでしょう。
お買い上げになった本は、『オリジン』の上下巻。ダ・ヴィンチ・コードシリーズの著者の最新刊。思いがけず、過去の記憶がよみがえった出来事でした。

私がおすすめした本

『神はサイコロを振らない』

（大石英司／中公文庫）

過去に消息を絶った旅客機が、突然姿を現した！　いなくなったはずの家族や恋人と再会した人々に、またつらい運命が立ちはだかります。悲しい物語ではありますが、読後感はさわやか。

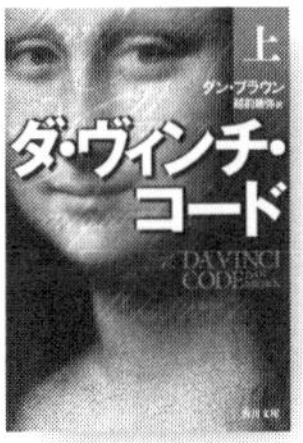

『ダ・ヴィンチ・コード（上）』

（ダン・ブラウン 著／越前敏弥 訳
ＫＡＤＯＫＡＷＡ／角川文庫）

今さらオススメしなくてもいいかも？　な世界的大ベストセラー。スリルとサスペンスにあふれたミステリー小説でありながら、歴史のお勉強もできます。まだ読んだことがないかたはぜひ！

第16話

ダイエットは青いワンピースのために

近所の店で、藍染めのような濃いデニム地のカシュクールワンピースを見つけました。早速試着してみることにしたのですが……。なんということでしょう。試着室の鏡に映るのは、国際試合用の柔道着を着た私。真っ青な服と、たくましい体形が合わさって起きた奇跡!!

試着室のカーテンをそっと開けると、「……お似合いですよ?」と店員さん。今、思いっ切り間があったよね? どう見ても柔道着じゃん! とまくしたてると、大笑いしてくずれ落ちる店員さん。

2人で涙を拭きつつ笑っていると、隣の試着室のカーテンが開き、そこにはなんと、同じワンピースを着た、私と同世代の女性が(汗)。

「今の話を聞いてたら、もうこの服は柔道着にしか見えないわ……」と言うその女性に、店員さんと平謝りでした。結局、私はその服を買わなかったのですが、その女性はお買い上げに。

「この服に一目惚れしたから、やせてこの服を着るわ！」

確かに、本当に素敵なワンピース。

着たい服が、ダイエットのモチベーションになることってあるよね……と思った数日後。書店で、「あら、この間の！」と声をかけてくれたのは、試着室で会った女性でした。本気でダイエットを開始すべく、本を探しに来たのです。

「ダイエットの本ってたくさんあるのね……」

大丈夫、オススメの本、ありますよ！　と言うと、お客さまは疑いの目を私に向けました（笑）。先日の試着室の件のあと、私もダイエットをしようと思って、参考になる本を探していたのです。数冊ピックアップしたうえで、そのなかから、夫（筋トレ好き）に「無理なく続けられて、確実な効果が期待できるもの」を選んでもらっていました。

少し効果を感じられるようになってきましたよ、と言うと、お客さまは迷わずそれをご購入されました。ワンピースのときといい、さっぱりと気持ちのいいお買い物の仕方。

　オススメしたのは、『なかなか痩せない人ほど脂肪がどんどん燃える　燃焼系HIIT（ヒット）ダイエット』と、『はじめてのやせ筋トレ』。

　そして、つい先日、またいらしてくださったお客さまは、目に見えてやせていました！

「ダイエット本をこんなにきちんと活用したのは初めてよ～（笑）」と笑うお客さまにうなずいた私でしたが、私のほうは残念なことに体重が減っておりません。

私がおすすめした本

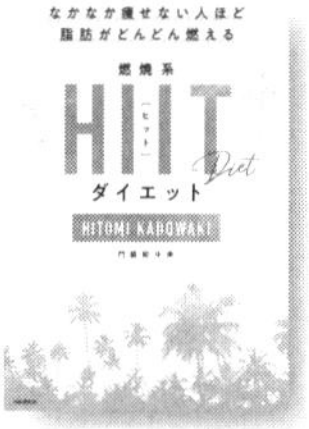

『なかなか痩せない人ほど脂肪がどんどん燃える燃焼系HIIT（ヒット）ダイエット』

（門脇妃斗未／PHP 研究所）

簡単な動作で１セット５分の手軽さ！　著者のかたの美しさを見ると、やる気も出る不思議な本です（笑）。

『はじめてのやせ筋トレ』

（とがわ愛 著・イラスト／坂井建雄 監修／ＫＡＤＯＫＡＷＡ）

今まで読んだ、どんなダイエット指南書よりわかりやすい本です。どこに力を入れて、どう動けばいいのかがイラストで説明されているので、運動が苦手なかたに特にオススメしたい！

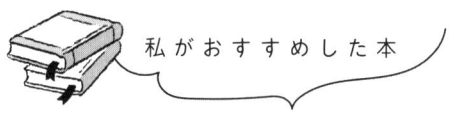

第17話

入院のお見舞いには、元気が出る本を

先輩から「ニュータイプ店員」の称号を授けられました。先輩いわく、「アパレル店員のよう」。私、しょっちゅうお客さまに話しかけてしまうのです……。

レジで、本を購入されているお客さまに、「すごく面白そうな本ですね！」。

文庫本を見比べているお客さまに、「右の本、オススメですよ☆」（↑大きなお世話）。

もちろん、話しかけられたくない様子のかたにはしないのですが……。

先日も、母娘で悩んでいる様子のお客さまを見かけ、「何かお探しですか？」と聞いたところ、「入院しているおばあちゃんへのお見舞いで、本を探しに来ました」と、中学生くらいの娘さんが言います。入院されているかたへのお見舞いに本を買われるかたって、とても多いのです。

確かに、入院中って暇ですよね。ご希望を聞くと、退院後も活発に動けない時期が続くので、ベッドでゆっくり読めるお話がよいとのこと。さらには「元気が出る話なら、もっといいです」。

そこで紹介したのが『傘寿まり子』。

主人公は、傘寿（80歳）を過ぎた、まり子さん。夫に先立たれ、同居の家族とはあまりうまくいっていない、小説家のおばあさんです。物語は、まり子さんが家出をするところからスタートします。行動力の塊のような主人公に、元気をもらえるお話です。ふだん、漫画は読まれないとのことでしたが、同世代のかたが買って行かれることが多いとお話しすると、3巻までご購入されることに。

もう1冊も、おばあさんが主人公のお話をセレクト。紅雲町珈琲屋こよみシリーズの1作目、『萩を揺らす雨』をご紹介しました。コーヒー豆と和食器のお店を営むお草さんが、町で起こる出来事の謎を解く、連作短編集です。

おばあさんはコーヒーがお好きとのことで、こちらもお買い上げくださり、「早速おばあちゃんのところに持って行きます」と店を後にされました。

おばあさん、気に入ってくれたかな……と思っていたところ、2週間ほどして、退院したおばあさんと3人でご来店されました。

「病院ではコーヒーが飲めないから、退院したら真っ先においしいコーヒーを飲みたかったのよ！」と話すおばあさん。

ご紹介した本の続きをお買い上げくださったあと、おばあさんは「家出できるくらい元気になるわね！」と笑いました。

あぁ、気に入っていただけてよかった！　と安堵し、今日も「この本、面白いですよ」とお客さまに話しかけている私です……。

私がおすすめした本

『傘寿まり子』

（おざわゆき／講談社）

主人公は、なんと80歳のおばあさん！　高齢者の問題をリアルに描きつつも、パワフルに突き進む主人公に力をもらえる作品。80歳になっても、恋もして、仕事もして、さらに夢に向かって進む主人公から目が離せません。

『萩を揺らす雨　紅雲町珈琲屋こよみ』

（吉永南央／文春文庫）

人と人とのかかわりは一筋縄ではいかないな……と感じさせるお話ですが、お草さんと、そのまわりを囲む人たちのやさしい雰囲気で、読み味がよいです。作中でお草さんが作る料理も楽しみのひとつ。

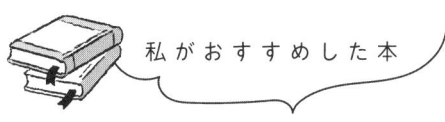

第18話

留学する息子と困惑する母

先日やってきたのは、息子が小さなときにお世話になったママ友。息子より1学年上の男の子のママである彼女には、育児の相談から洋服のお下がりまで、とてもお世話になりました。子どもたちが大きくなってから会う機会が減ってしまい、実に4年ぶりの再会。

話を聞けば、お子さんが海外の大学に進学することになり、今は準備の真っ最中とのこと。おおう……うちの息子がぼへーっとしている間に、りっぱになったもんだぜ。

仕事や家事に、お子さんの準備も加わり、疲れてしまったので、久しぶりに本でも読んでリラックスしようとやってきたのだという彼女におすすめしたのは、『月の砂漠をさばさばと』。

9歳の女の子と、作家のお母さんの2人暮らしを描いた連作短編小説です。主人公サキちゃんにとってはなにげない日常なのだと思いますが、想像力豊かな9歳の少女の世界はファンタジーにあふれています。

忙しい毎日のすき間に読める短編集だということと、息子さんが小さかったときを思い出して温かい気持ちになれるのでは？　と思い、ご紹介しました。

買うと即決してくれた彼女ですが、本を手にしながら「大きくなったけど、まだまだ小さい子どもみたいな面もあるから、海外で1人でやっていけるのか心配なのよね」と困り顔をして言います。

え？　あんなにしっかりした息子さんが？　と聞くと、小さなころから一緒の、クマのぬいぐるみを、大学の寮にも連れていくのだと言い張っているのだそう（笑）。

かわいすぎる!!　ともん絶した私ですが、かくいうわが息子も、赤ちゃんのときから愛用のユニコーンのぬいぐるみ（かつては水色だった気がする、というレベルで薄汚れてる）と、いまだに一緒に寝ていて。私は、息子の行く末を心配していたのです。

そんな私を勇気づけた1冊が『愛されすぎたぬいぐるみたち』。

この1冊には、たくさんのぬいぐるみの写真と、それにまつわるエピソードが収められています。

ぬいぐるみは全部ぼろぼろ。表紙のピンクのクマを見てみて！　薄汚れて、ところどころハゲてしまっていますが、どことなく誇らしげな表情をしていますよ。

「うちの子も、家を出るときにあのユニコーンは間違いなく持っていくと思うわ。いつも、洗うと怒るから、息子が外出したすきにこそこそ洗ってるしね」と励ますと、彼女はあきれ顔で「ごめん。あなたのうちに比べたら、全然大したことない問題だったわ（笑）」と返したのでした。

私がおすすめした本

『月の砂漠をさばさばと』

（北村薫／おーなり由子 絵／新潮文庫）

お母さんと娘の２人暮らしをつづった、小さな物語が12編。そのどれもが温かく、幸福感に満ちています。おーなり由子さんの挿絵も、またステキ！

『愛されすぎたぬいぐるみたち』

（マーク・ニクソン／金井真弓 訳／オークラ出版）

エピソードがたっぷり詰まったぬいぐるみたちの写真集。なかなか荒っぽい愛情を注がれた子もいたりして（ぼろぼろ！）、読み物としても写真集としても楽しめる、お得な１冊。もしかしたら、あなたのおうちにもこんなぬいぐるみがいませんか？

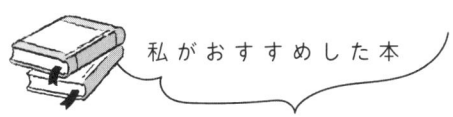

第19話

少年とホラー小説と私

ある日、子連れのお客さまの対応をしていたときのこと。大人気の児童書（主人公の顔がお尻のアレ）と、スティーブン・キングの長編小説の2冊をお買い上げに。お父さんに向かって「カバーはおかけしますか？」と伺ったところ……。

「カバー、どうする？」と息子さんに聞いているではないですか!!

え？　これ、お子さんが読むんですか!?　とびっくりした私に、息子さんは、「僕、背は小さいけど小学5年生なんです」とひと言。児童書は、弟のものだそうで。いやいやいや。小5で読めたらすごいよ!!（ていうか、小5くらいかなって思ってたよ!!）。

感心している私に、お父さんはちょっぴり誇らしげ。

「読書が好きで、どんどん大人向けのものを読んでいるんです」と言います。

へえええ!!　すごいですね!!　でも、この本、怖いピエロが追いかけてくる話だよね？　読んでいて怖くないの？

私の質問に、少年は冷静でした。

「ちょっとジュブナイルっぽいところもあって、怖いだけの話じゃないです」――書店員（もうすぐ40歳）、11歳の少年におバカがバレた瞬間です――。

動揺しつつ、「今度、おすすめの本があったら、おばちゃんに教えてくれる？」と言うと、少年は「はい。日本のホラー小説も読んでみたいので、僕にも教えてください」と言って、帰って行きました。

それから2週間ほどがたった週末。

「おすすめの本を教える約束だったので」と少年がやって来ました（律儀！）。

私は、海外物のホラーはほとんど読まないので、スティーブン・キングも超有名な数冊しか読んだことがないと伝えると、『ファイアスターター』はぜひ読むべきと教えてくれました（後日、買いました。面白かった!!）。

私からは、日本のホラー小説をご紹介。『ずうのめ人形』は、映画にもなった『ぼぎわんが、来る』のシリーズ2作目。順番に読まなくても面白いことと、この2作目のほうがミステリー要素が強く読みやすかったのでおすすめしました。

もう1冊は、『いけない』。ホラー小説ではないのですが、物語に漂う不穏な空気と、読者に謎解きを委ねる挑戦型ミステリー。考察しながらじっくり読むのが好きな人はきっと楽しめるとすすめました。

お会計をすませ、「また来ます」と言ってくれた少年に、「読んだら、1人でトイレに行くのが怖くなるかもよ！」と言うと、「大丈夫です」とあきれ顔。

また感想を話しに来てほしいな、と心待ちにする私です。

私がおすすめした本

『ずうのめ人形』

（澤村伊智／角川ホラー文庫）

「ずうのめ人形」という呪いの小説を読んだ人間が次々に死んでいく。ホラー小説ですが、仕掛けが張りめぐらされ、ミステリーとしても楽しめます。作中に登場する呪いの小説を読んだら、自分も呪われそうでゾワゾワ。本当に怖い。

『いけない』

（道尾秀介／文春文庫）

読者が推理する、挑戦型ミステリー。最後のページに現れる写真で、世界がガラッと変わる仕組みで、すぐにはじめのページから読み返したくなることうけあいです！

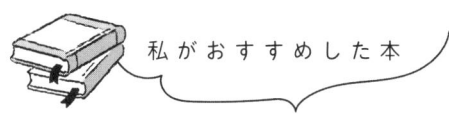

第20話

サンタの正体

『サンタクロースっているんでしょうか？』という、有名な絵本（名作！）がありますが、はてさてサンタクロースって本当にいるんでしょうか？　うちの息子は、かなり大きくなるまでサンタクロースの存在を信じていました。

息子が小学校6年生のときのクリスマス翌日の友達との会話なのですが……。

「来年は何をリクエストする？」「もう何かあんまり欲しい物ないよなー」（昨日もらったばかりだろ！）「やっぱスマホじゃね？」「スマホかぁ……。サンタって、携帯会社とか選べるのかな？」「家族割引とかはどうするんだろう？」

そこまでいろいろ理解できる年ごろなのに、なぜサンタの正体に気づかないの⁉と驚愕したのです（皆さま、ご安心あれ。現在17歳となった息子は、わが家のサンタの正体を知っています）。

さて、そんな話はさておき。12月に入ると、書店は一気にクリスマスムード。毎日、プレゼントをお探しのお客さまでにぎわっています。そんなある日、絵本コーナーで女の子に声をかけられました。

「店員さん、このお店にサンタさんが買い物に来た？」

「サンタさんとは会ってないなぁ」と答えると、女の子は「去年のプレゼント、このお店の包み紙と同じだったよ」。

この時季、当店ではクリスマス用の包装紙でプレゼントをお包みしていて、その包装紙を抱えたお客さまが店内に何人も……。それで女の子は、サンタさんが当店に仕入れに来たのか、と聞いてきたのです（笑）。

「私は会ってないけど、去年お店に買い物に来ていないか、今度お店の偉い人に聞いてみるね！」と言うと、女の子は、「サンタさんはたくさんお買い物するから、もし次に来たときは安くしてあげてね」とにっこり。

ほっこりクリスマスのお話とともに、今回は、クリスマスプレゼントにおすすめの本をご紹介したいと思います。

『サンタクロースの　おてつだい』は、全編が美しい写真でつづられています。

登場する女の子と動物たちがかわいらしく、まるで映画を観たような気分になる1冊。

もし大人のかたに絵本を贈るなら、『銀河鉄道の夜』はいかがでしょう？　言わずと知れた宮沢賢治の名作ですが、清川あさみさんの美しい挿絵の物語は、幻想的でプレゼントにぴったり。

さて、サンタの仕入れ先を見抜いた女の子には、今年も同じ包装紙で『サンタクロースの　おてつだい』が届く予定。

サンタさんは、当店でお買い物をしていきましたよ！

私がおすすめした本

『サンタクロースの おてつだい』

（ロリ・エベルト 文／ペール・ブライハーゲン 写真／
なかがわちひろ 訳／ポプラ社）

サンタのおてつだいをすべく、女の子がサンタに会いに出かけます。雪景色の中に赤い服を着た女の子の写真が鮮やか。ほっこりとした物語も素敵！

『銀河鉄道の夜』

（宮沢賢治／清川あさみ 絵／リトルモア）

「銀河鉄道の夜」を、アートディレクターの清川あさみさんが布やビーズを使って表現。圧巻です！　読んだことがあるかたでも、ぜひ手に取ってみてほしい１冊。

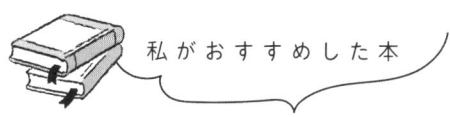

第21話

少女漫画雑誌2冊の謎……

時々、少女漫画雑誌を買っていかれるおばあさんがいます。それも同じ雑誌の同じ号を2冊。数回、その様子をお見かけしたので「もし毎号お買い求めでしたら、定期購読されてはいかがですか?」とお声がけしたところ、「ごめんなさいね。毎号は買わないのよ」とおっしゃってお帰りに……。

はて? 毎号買わないのに、時には2冊お買い上げになるのはなぜ? と、不思議に思った、その数カ月後。また、そのおばあさんがいらっしゃったのです。

手には、いつもと同じように少女漫画雑誌が2冊。「以前も2冊お買い上げでしたね。ご家族の分もお買い上げなのですか?」と、雑談のなかでお聞きすると、「実は、孫が駆けだしの漫画家でね、読み切りがのったときに買うのよ」とにっこり。

「お孫さんのペンネームを教えてください! ぜひ読んでみたいです!!」と興奮して言うと、ちょっと恥ずかしそうに、お孫さんの漫画のページを開いてくださいました。

「繊細ですごく素敵な絵！　駆けだしっておっしゃってましたけど、とてもそうは見えないですね！」と感想をお伝えしたら、とてもうれしそうなお顔に。早速、仕事帰りにその雑誌を買って読んでみると、お話もとても面白かったのでした。

さらに数週間がたって、またそのお客さまがご来店。

「孫の作品がのるようになるまで、漫画をほとんど読んだことがなかったけど、ほかの漫画も読んでみたくなったの」と、おばあさんはおっしゃいます。「若いカップルのキスシーンに照れてしまう」そうなので（笑）、私からおすすめしたのは、お孫さんと同じように、若者が夢に向かって進む姿を描いた作品を。

『ブルーピリオド』は、美大をめざす高校生、矢口八虎の物語。夢もなく、それなりに生きていた少年が、絵画の世界に出合い魅せられ、初めて持った夢に向かい突き進む様子は、グッとくるものがあります。また、夢に挑む八虎を見守る両親や先生の目線にも、胸が熱くなり共感がもてる。

夢や才能がテーマとなっている物語ですが、読んでみると、夢を持つこと、がむしゃらに立ち向かうことが、どれだけ過酷で、どれだけ幸せなことなのか、考えさせられます。

「読むのが楽しみだわ！」とおばあさんはお帰りに。また漫画雑誌を2冊抱えてレジにいらっしゃる日を、楽しみにお待ちしています！

私がおすすめした本

『ブルーピリオド』

（山口つばさ／講談社）

「今までずっと生きてる実感が持てなかった」、そんな主人公の人生が絵画との出合いで動き出します。どんなに大変でも、何かに夢中になれる人生って素晴らしい！

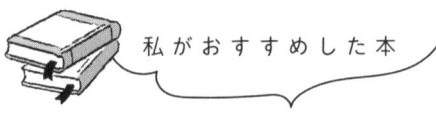

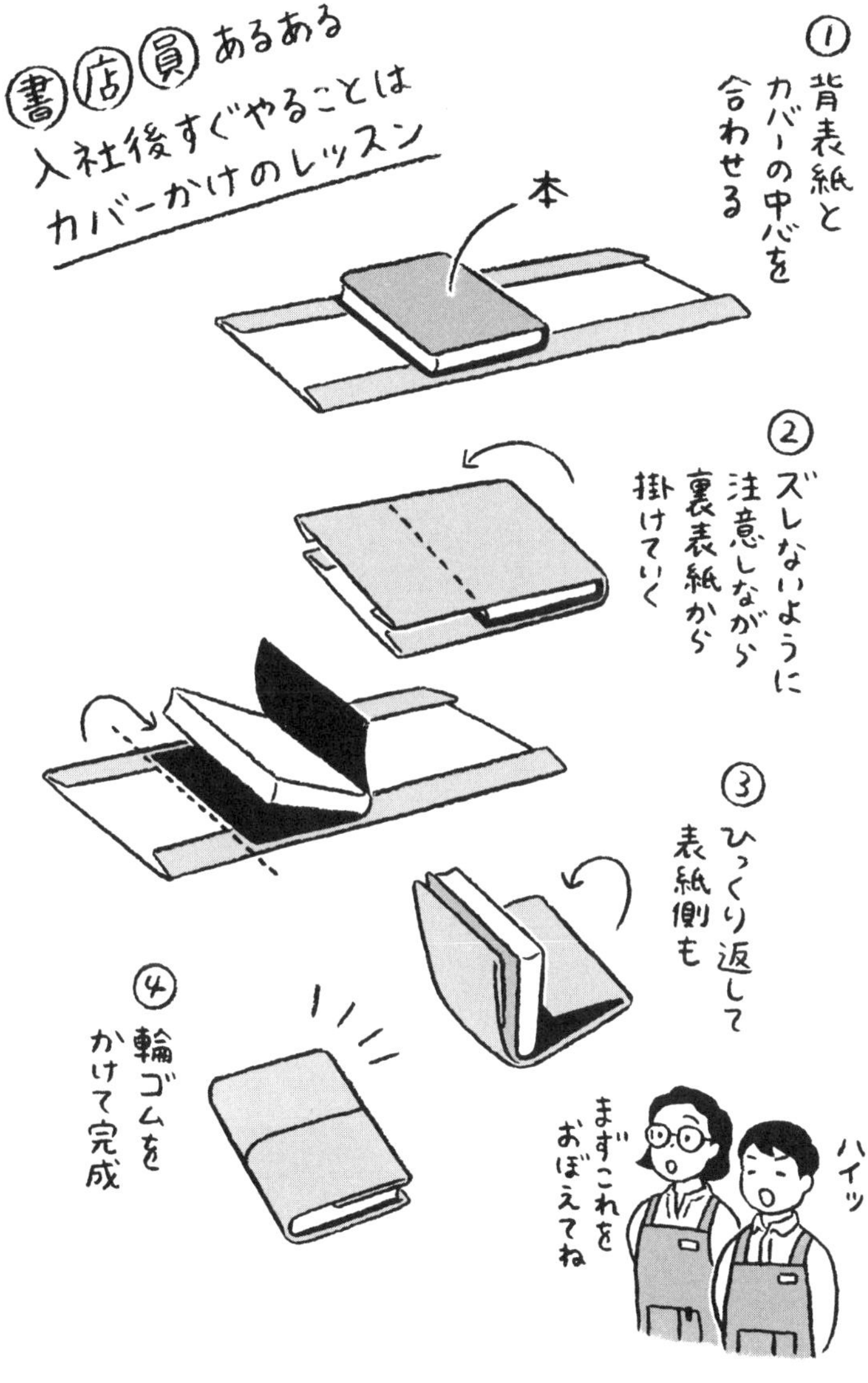

書店員あるある
入社後すぐやることは
カバーかけのレッスン
①背表紙とカバーの中心を合わせる
本
②ズレないように注意しながら裏表紙から掛けていく
③ひっくり返して表紙側も
④輪ゴムをかけて完成
まずこれをおぼえてね
ハイッ

第22話

傷ついた心を癒すのは、エッセイ

時々来店される、仲のよい中高生くらいと思われる娘さんとお母さん。ゆっくりお買い物をされて、併設のカフェでコーヒーを買ってお帰りになります。来店されるのは、いつも平日のお昼どき。もしかしたら、娘さんは何かの事情で学校をお休みされる日があるのかもしれません。

ある日、珍しくお母さんだけで来店されたので、「今日はおひとりでお買い物ですか？」とお聞きすると、「娘は体調が悪くて留守番なんです。今日は、ベッドで読める本を探しに来たの」とおっしゃいます。

いつもは、いろいろ質問してしまう私ですが、事情があるといけないと思い、少し慎重になりました。娘さんが好きな本をお聞きしてみると、

「以前は高校生が好きそうな本をよく読んでいたけれど、最近はつらい気持ちになるようで……。集めていた漫画も捨ててしまったんです」

娘さんは、SNSが発端で友達とトラブルになり、学校に行けたり、行けなかったりの日々なのだとお話ししてくださいました。きっかけはとてもささいなことだったそうですが。私自身もSNSを使っていて、素晴らしいツールである反面、使い方を少し間違えただけでトラブルになりかねない、むずかしさも感じています。大人の私でさえそうなのだから、中高生がうまく使うのは、それ以上にむずかしいはず。

「それは大変ですね。私にも高校生の息子がいますが、トラブルの話はよく聞きます。うまく折り合いがつけられるといいですね」とお伝えして、漫画や小説などで心を揺り動かされるのがつらければ、エッセイはいかがですか？　とおすすめしました。

『ウチら棺桶まで永遠のランウェイ』はYouTubeで大人気のkemioさんの著書でテンポのよいエッセイ。

語り口が独特で、読み始めは（最近の若いもんはこんなふうにしゃべるんじゃな）と遠い目になったものの、読み進めると名言がポンポン飛び出し、目からうろこ！

もう1冊は、『僕の人生には事件が起きない』。お笑いコンビ、ハライチの岩井勇気さんの初の著書。

棚を組み立てるとか、段ボールを片づけるといった、日常のささいな話が抜群に面白い。つらいことを忘れて読みふけることができそうな1冊です。

しばらくしてお会いすると、娘さんは転校することになったそう。

「友達、これからたくさんできるよ！」と言うと、娘さんはにっこり笑って、「少ししかできなくてもいいんです。でも、ありがとう」と言ったのでした。

私がおすすめした本

『ウチら棺桶まで永遠のランウェイ』

（kemio／ＫＡＤＯＫＡＷＡ）

kemio はただの若者ではないですよ！　親世代にも読んでほしい、新時代の生き方の参考書。悩める者はぜひ手に取ってほしい。

『僕の人生には事件が起きない』

（岩井勇気／新潮社）

なにげない日常を、こんなに面白く書ける人っているかしら。ニヤニヤしてしまう面白さなうえ、表現力に脱帽。岩井さん、個人的にものすごくタイプです。

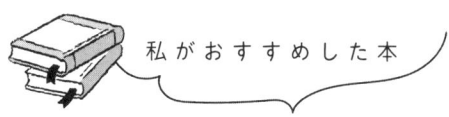

第23話

実はインテリアマニアな書店員

先日、学生時代の友人から、「1人息子が高校の寮に入ったことを機に、不用品を減らし、家を好みのインテリアにしたい！」と相談を受けました。実は、私の読書に次ぐ趣味はインテリア。読書好きで、部屋で過ごす時間が人一倍長かった私は、部屋の中に快適さを常に求めて生きてきたのです……。

さて、早速友人の家にお邪魔して、片づけを開始したところ出るわ出るわ……。あっという間にひと部屋いっぱい不用品の山！ まだ肌寒い季節なのに、2人で汗をかきつつゴミをまとめていたら、「ピンポーン」とインターホンの音。

やって来たのは、友人がふだんから親しくしているというご近所のママ友。彼女は、ゴミの山を見て言いました。

「私も手伝ってもらいたい！ 今度、家に来てもらえませんか？」。会ったばかりの、ただのインテリア好きの丸顔の女を家に呼ぶとはなんというつわもの（笑）。その大胆さには感心しましたが、長年の友人だから、片づけの最中も好き放題に言えるわけで（「ねぇ、なんでこんな変な柄のカーテン買ったのよ」とか言っていた私）、初対面のかたの家の片づけを手伝うなんて荷が重すぎる！　動揺する私を見て、友人が言いました。「この人はこう見えて書店員なの！　おすすめの片づけ本やインテリア本を教えてもらったら？　やってみてうまくいかなければ、2人で見に行くよ！」。

翌日、書店にやって来た彼女におすすめしたのは、SNSで人気のかたがたのインテリア指南本。1冊目は『片づけ下手でも おしゃれな部屋って言われたい！』。大人気子育てブロガーのオギャ子さんが、仲よしのインテリアブロガー、ドキ子さんの指南でおしゃれな部屋づくりをするという内容。漫画のページがたくさんあって理解しやすい本です。

2冊目は『28文字の片づけ――読むだけで捨てられる。いつの間にか心までスッキリ。』。こちらは片づけ名言集とでもいいますか、今すぐ片づけしなければ！　と思わせてくれる言葉がページをめくるたびに現れます。帯に書かれている問い掛けは、なんと「今日の下着で救急車に乗れるか？」。

「2冊の本で勉強してみる！」と帰った彼女の家に、後日遊びに行った友人は、「とりあえず玄関はすごくきれいになってたよ！」と言っていました。本を活用してくれてうれしい限り！

私がおすすめした本

『片づけ下手でも おしゃれな部屋って言われたい！』

（オギャ子・ドキ子（yuki）／ＫＡＤＯＫＡＷＡ）

片づけ下手なオギャ子さんが、インテリアブロガーのドキ子さんの指南で自宅をオシャレに変貌させる！　情報量の多さは、世の片づけ本のなかでも群を抜いていて、一見の価値あり。

『28文字の片づけ――読むだけで捨てられる。いつの間にか心までスッキリ。』

（yur.3／主婦の友社）

打って変わって、こちらは文字も少なく（なんせ28文字！）シンプルながらハートにズドーンと届く、一風変わった片づけ本です。読み終えたら、きっとあなたも手放せなかったものにサヨナラできるはず！

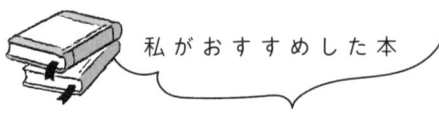

第24話

思春期の相談事は書店員に

　とにかく人に話しかけられるでおなじみ、書店員です。つい先日は、マッサージ店で、施術してくれていたマッサージ師さんが、自身の彼氏の浮気を嘆いて泣き出しました。実は、この「知らない人が突然泣き出すパターン」、私の人生では定期的に起こるイベントです。

　さて、また別のある日のこと。私は近所のカフェで読書をしていました。店は混雑していて、カウンター席で身を縮めつつ本を読み、コーヒーのお代わりを頼もうと立ち上がると、隣の人にバッグがぶつかってしまい……。

「すみません！」と慌てて謝ると、相手のかたは涙目！　バッグの角がぶつかって痛かったのかもしれないと思い、「ごめんなさい！　大丈夫ですか？」と聞くと、その女性はボロボロと泣き出してしまいました。その女性は、私より少し年上。実家に帰省中で、ひとりになろうとカフェに来たのだとか。行きがかり上、話を聞いてみると、彼女は小学生の息子さんがＬＧＢＴではないかと悩んでいたのです。

私にも、ゲイの友人がいます。彼は学生のころからの友達。現在ほど性の多様性に理解がない時代でしたが、周囲の人たちは皆、一個性として認識していたように思います。

ところが、先日友人に会ったとき、深酒とともに話も深くなっていくと、彼は「思春期のころは死を考えてしまうくらいつらかった」と。当時の彼は私なんかの想像が及ばないほどに悩んでいたのです。

カフェで偶然隣り合わせになったかたの悩みを、私は聞くことしかできませんでしたが、役に立つかもしれないと、ちょうど電子版で持っていた漫画をお見せしてみました。

『うちの息子はたぶんゲイ』は、（たぶん）ゲイの息子を温かく見つめるお母さんの物語。お母さんの目線は、とてもフラットでやさしく、こんな母になりたいと思わせてくれる1冊。

書店員だと身分を明かすと、彼女は「帰ってきたときは本屋さんに行きますね」とにこっと笑いました。
お子さんが性的マイノリティーであっても、そうでなかったとしても、どちらの未来も明るいものであってほしいと願います。

私がおすすめした本

©Okura／SQUARE ENIX

『うちの息子はたぶんゲイ』

（おくら／スクウェア・エニックス）

家族も同級生もやさしい人ばかりで、心温まるストーリーです。お母さんがとにかく素晴らしい。思春期の子どもがいるママはぜひ参考にしてほしい！

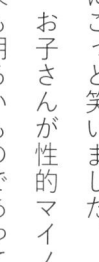

第25話

書店員とやさしいおべんとう

えっと、私、なんとダイエットに成功しましたー！　ボタンがはち切れんばかりだった制服のベストも、今はゆったりサイズだぜ！

お客さまからも「やせたね」とお声がけいただけるように。

そんななか、私以上におやせになっていくお客さまがいらっしゃいます。ダイエットをされているのかしらと思っていたのですが、それにしても、どんどんやせていかれるので、少し気になっていました。

ある日の休憩中、コンビニで後ろに並んだのが、そのお客さま。目が合ったので会釈をすると、お客さまから「お昼休憩ですか？」と話しかけてくださいました。

「そうなんです〜。いっぱい買ってしまいました（笑）」と答えて、ふと彼女の手もとに目をやると、ゼリーが1つ。私の足りるのか？　という視線に気づいたのか「最近、離婚して疲れちゃって、食欲がないんです」と苦笑いしました。「気が紛《まぎ》れるので会社で食べるおべんとうなら割と食べられるんですけど、今日は子どものを作らなくていいから、サボっちゃいました」

食欲がないなか、毎日のおべんとう作りがどれほど大変なものか……。

でも、おべんとうだけが今の彼女の食生活を支えているなら、できるだけ毎日作って食べてもらいたい。

「もし良かったら、おべんとうの本をご覧になりませんか?」。考えるより先に、声が出ていました。

『藤井弁当』は、料理研究家の藤井恵先生によるレシピ本。15年以上おべんとうを作り続けてきた著者の知恵がギュッと詰まっている1冊です。毎日のおべんとう作り、無理しなくてもいいのだと思わせてくれます。

そして、もう1冊は、『461個の弁当は、親父と息子の男の約束。』。著者の渡辺俊美さんは、高校生の息子さんと2人暮らし。息子さんが「パパのべんとうがいい」と言ったことから始まった、おべんとう作り。仕事で早出の日や、二日酔いの朝も、毎日台所に立つパパ。初めは決して上手ではないおべんとうが、日を追うごとにおいしそうに変わっていく様子は、どんな言葉よりも雄弁に、父の愛情を物語ります。

最近、少しふっくらした様子の、そのお客さまを見かけました。もうおべんとうだけでなく、朝晩のごはんを食べられているかしら。

どんなにつらいことがあっても、おいしいごはんを食べたら、きっと少し元気になれるはずです。

私がおすすめした本

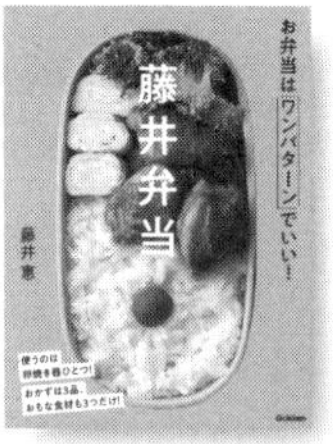

『藤井弁当　お弁当はワンパターンでいい！』

（藤井恵／Gakken）

毎日おべんとうを作る皆さま、お疲れさまです。最強のバイブルはこちらですよ！　コンロは１口、卵焼き器でおかずは全部作れちゃう。シンプルなのに、すごくおいしそうな表紙が目印です。

『461個の弁当は、親父と息子の男の約束。』

（渡辺俊美／マガジンハウス文庫）

2014年出版で、映画化もされた有名作品ですが、とにかく名作。こんなに泣けるおべんとう本は、ほかにありません。未読のかたは、この機会にぜひお手にとってみてください！

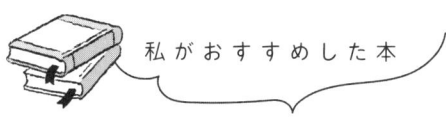

第26話

お母さんと書店員の話

ここのところ、書店は大忙し。お客さまは、家の中で読む本や子ども用の学習ドリルなどをお買い求めになります。

ある日、30代半ばくらいの女性から声をかけられました。

「親子関係についての本は、どの棚にありますか?」。女性は、ご自身のお母さまとの関係に悩んでいるのだそう。「ふだんから仲がよくなかった母に、介護が必要になってしまって……」。

今、親子の関係に言及した本は、たくさん出ています。あれこれ本を紹介したものの、いまいちピンとくる本が見つからない様子のお客さまを見て、ふとあることが思い浮かびました。お客さまは、親子関係の解決や改善について知りたいのではなく、今のご自身に寄り添ってくれる存在をお探しなのかも……。

実は、私も若いころは母と折り合いがよいとはいえませんでした……。私に、堅い職業についてほしい母と、自由に生きたい私は進路をめぐって度々衝突……。ある日、母の言うことを聞くのをやめて少し距離をとってみたら、寂しさとともになんだかスッキリもしたのです。……と私の経験を少しお話ししたところで、「どこの親子もきっと、何かしらの葛藤はありますよ」と言うと、お客さまは「そうかな……。そうかもしれないですね」とほほえみました。

最終的に、お客さまは、辛い内容でも明るいトーンで親子について言及している本をご購入になりました。私自身も共感する部分がたくさんあった2冊です。

『離婚しそうな私が結婚を続けている29の理由』は、生涯のパートナーを得た著者が、自身の波乱だらけの人生についてつづったエッセイ。親との確執、その親の死、子宮全摘出手術。これでもかと騒動が起こる毎日。笑っていいのかと悩むような重いテーマを描いているのに、ついクスッとしてしまいます。もう1冊は『ありがとうって言えたなら』。仲のいい母娘ではなかったと回想する作者ですが、その母が余命宣告を受けて……。「母の死」を真正面から描いた、コミックエッセイです。

「お母さんとは、今はどんな関係ですか?」。お会計のときに、お客さまから質問されました。現在は関係もよく、しょっちゅうお互いの家を行き来している私と母。先日、母は「いろいろ言ったけど、結局あんたは頑固で好きなことしかできないってわかった」と笑っていましたよ！

私がおすすめした本

『離婚しそうな私が結婚を続けている29の理由』

（アルテイシア／幻冬舎文庫）

やさしい夫と結婚したものの、母が変死、父が自殺、弟は失踪、自分も子宮全摘手術をすることに。これでもかと襲い来る困難に、パワフルに立ち向かう著者の姿に圧倒されます！　ヘビーな内容なのに笑ってしまうので、公共交通機関内で読む際はお気をつけください。

『ありがとうって 言えたなら』

（瀧波ユカリ／文藝春秋）

実母だからこそ、複雑な感情を抱いてしまうことがあります。作者はそこを正直につづっていて、面白く笑える作風でありながら、リアルで泣けてしまう。嫌いになりきれない、そんなお母さんをみとるまでの日々の物語。

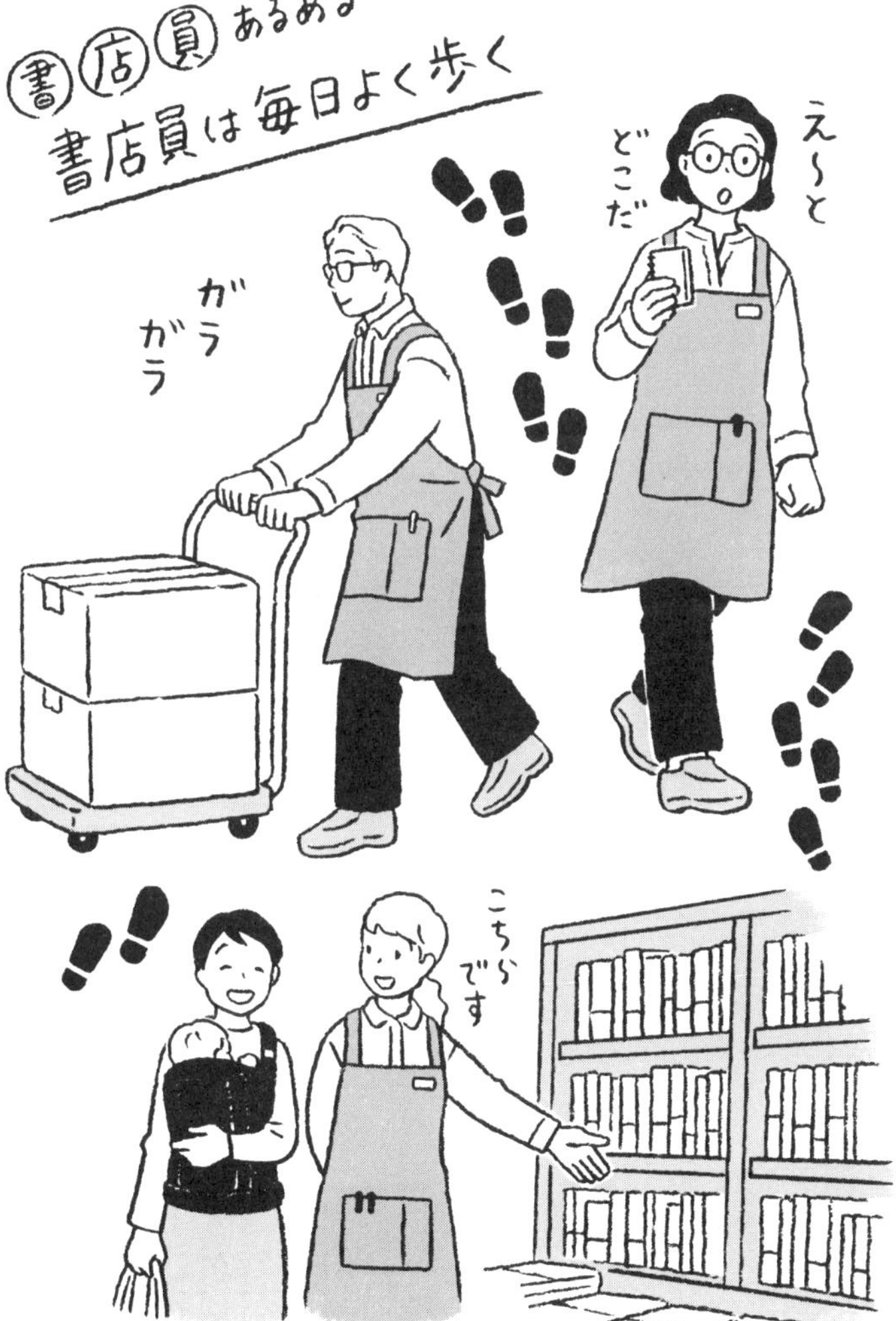
書店員あるある
書店員は毎日よく歩く
ガラガラ
えーとどこだ
こちらです

※夕方見たら万歩計2万歩なんてことも!

第27話

書店員とウイルスと闘う日々の話

夏の日ざしを浴びている皆さま、お元気ですか？　実は私がこの原稿を書いているのは、2020年の「緊急事態宣言」が続く日々のさなかです。私の働く書店はといいますと、休業まではしなかったものの営業時間を大幅に短縮し、スタッフはマスクとビニール手袋を着用のうえ、レジにはビニールのシールドが設置されました。さらに試し読みのコミックなども店頭から消え、スタッフも不要なお声がけはしないように。おしゃべり書店員の私にも、お口チャックのお達しが……！　私は、すっかり無口な書店員へと変貌を遂げました……。ええ、そんなわけですので、今回はお客さまとのエピソードを1回お休みしまして、無口な書店員が最近、心からお客さまにおすすめしたい本を紹介しようと思います。

1冊目は、『キネマの神様』。コロナウイルスは、お笑い界の宝、志村けんさんを連れて行ってしまいました。ドリフ世代の私には、親戚のおじさんが亡くなったような衝撃。本書は、志村さん主演で映画化が決定していました。主人公のダメおやじ、コウちゃんを演じる志村さんを見ることができないのは残念ですが、原作は映画の素晴らしさと、家族の絆を描いた名作です。

そしてもう1冊は、『火定』。時は奈良時代。天然痘がまん延するなか、患者を救おうとする医師たちと、混乱する都の人々を描いた歴史長編です。どんなに科学が進歩しようとも、人間の本質は、千数百年前と変わっていないのかもしれません。パンデミックの様子が、現代のそれと重なり、胸が苦しくなりました。時代小説と聞くと身構えてしまう人もいるかもしれませんが、奈良時代を舞台にした医療ドラマと考えると、読みやすいのではないでしょうか。

今日、常連のお客さまが来店され、私の青いビニール手袋を見て、「まあ！　久しぶりに来てみたら、ずいぶん手が青くなっちゃって！」とおっしゃいます。

私が「早く人間に戻りたいんですけどね……」と返すと、そのお客さまは「大丈夫！　おうちにこもって本を読んでいれば、時間がたつのはあっという間よ。次も元気で会いましょうね！」と笑いました。

数カ月先の世界で、このページを読んでくれているあなたへ。あなたがいる夏が、いつもと同じまぶしい季節でありますように。ビアガーデンに出かけられる気持ちのいい夏がやって来ていますように！

私がおすすめしたい本

『キネマの神様』

（原田マハ／文春文庫）

39歳で会社を辞めた歩だが、同じころ、趣味は映画とギャンブルという父が倒れ、しかも多額の借金も発覚！壊れかけた家族だったが、ひょんなことから、父が始めた映画ブログをきっかけに物語が大きく動きだす……映画に魅せられた家族の再生の物語。

『火定』

（澤田瞳子／PHP文芸文庫）

いつの世も、未知のウイルスを前に、人間は無力で愚か。でも、自らを顧みず闘ってくれている人々がいる。「これを読まないのはもったいない！」と思うほど、傑作!!

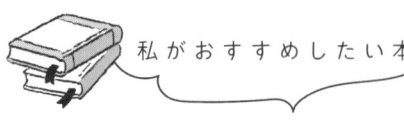

第28話

読み聞かせってだれのため？

ここしばらく、某少年漫画（鬼になった妹を救うために鬼と戦う少年が主人公のやつ）が入荷してきては瞬《またた》く間に売り切れ、また入荷しては売り切れるといった日々が続いています。

先日も、積み上げられた例の漫画を前に、買ってもらいたい少年（たぶん10歳くらい）と、お母さんがもめておりました……。

「だって、みんな読んでるんだってば！」「ダメです」「なんで⁉」「怖い表現が……」

作品に対する考えは人それぞれ。どこまでがよくて、どこからがダメかは、そのご家庭の判断しだいですよね。ちなみに私は、「何のために戦っているのか」を子どもが理解できていればＯＫ派（私も某漫画を全巻持っています）。

親子ゲンカの声は店内に筒抜け。お会計中のほかのお客さまもチラチラ見ているし、どうしよう……と思ったとき、お父さんが現れました。

おぉ、救世主!!　と思った瞬間、「だからママはダメなんだよ、いつも頭ごなしで！」と一言。

パパーー!!　その言い方はダメなやつーー！　案の定、お母さんはもっと怒り出し、家族はそのまま店を出て行ってしまいました。

嵐のような家族をぼうぜんと見送った、その数日後、先日のお母さんが１人でご来店されました。お子さんたちに読み聞かせをしているそうで、新しい絵本をお探しとのこと。

「最近、上の子は『つまらない』と言って、聞いてくれなくて」

お母さんは教訓がある絵本が好きで、よく読まれるそうですが、小４の上のお子さんには、残念ながらあまり響いていないそう。先日の漫画の件でも感じたのですが、お子さんにどんなものを与えたらよいか、真剣に考えていらっしゃるかたなのでしょう。

「今日は、子どもが面白いと思ってくれる本を買いたいんです。つまらない顔をされたら悲しくて」

わかります！　読書は楽しいものと思ってほしいから読み聞かせをするんですものね！

お母さんがお買い上げになったのは、『いっぺん やって みたかってん』と『ごみじゃない！』の2冊。どちらもユーモラスで、子どもはもちろん、大人も一緒に楽しめる絵本です。クスクスと笑いながら試し読みをされるお母さんの表情が印象的でした。

数日後、またご来店くださったお母さんの手には、あの少年漫画が。お母さんは、「ちょっと試しにね、1巻だけ」と恥ずかしそうに照れ笑いされたのでした。

私がおすすめした本

『いっぺん やって みたかってん』

（はっとり　ひろき／講談社）

「きょうはあめふり。せやから、こうえんにはだ〜れもおりまへん。」。冒頭の一文から、もう面白い予感！　だれもいない公園で、ブランコで遊びたいと言いだしたのはだれ？　このあと、思いも寄らぬ展開に度肝を抜かれます（笑）。読み聞かせるときは関西人になりきって読むべし。

『ごみじゃない！』

（minchi 作・絵／PHP 研究所）

「ごみみたいだけど、ごみじゃない、宝物コンテスト！」、わかりすぎるほど、よくわかる。本当に意味がわからない、子どもの宝物。どこのうちもおんなじねと、笑ってしまいます。読み聞かせをするときは、息切れにご注意を！

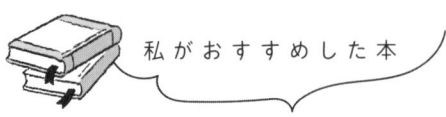

第29話

結婚50年目の読み聞かせ

「定期購読」って、ご存じですか？

書店で定期購読をお申し込みいただくと、そのかたの分を毎号取り置いておく、というシステムです。店頭に並べないのできれいな状態でお渡しできることに加え、うっかり買い逃すことがないのでオススメです。

さて、先日のこと。お客さまから「今回で定期購読をやめます」とお申し出がありました。感じのよい、ご年配のご夫婦で、いつも飼っている猫のことや、最近面白かった本のお話をされていかれることもあり、私も毎月お会いするのを楽しみにしていました。

「承知致しました。定期購読をやめられても、ぜひまたご来店くださいね」とお伝えすると、「実は、連れ合いが認知症になってね、毎月来ることがむずかしくなってしまったんだ」とポツリ。

奥さまは、認知症が進行して、今はご主人のこともわからない日も増えてきたとのこと。好きだった読書もできなくなり、それではつまらないだろうと、今では本を読み聞かせることがご主人の日課になっているそうです。

「なかなか来られなくなるから、連れ合いに読んで聞かせる本も一緒に買っていくよ。何かオススメがあったら紹介してくれるかな」というお申し出を受け、頭を悩ませた私……。

奥さまが、よくご購入されていたのは、小説や詩集。今は奥さまの本棚にあるものを読み聞かせているそうです。詩だったら読み聞かせもしやすいかしら、と考え、まずは詩集の棚へご案内。その中から、もうすぐ金婚式を迎えるというおふたりに、谷川俊太郎さんの選詩集、『祝婚歌』をご紹介しました。

結婚にまつわる詩が国内外問わず集められた1冊です。谷川さんによる序詩の、〝あなたがいる私のかたわらに〟という内容が、ご夫婦の在り方と重なったこと、表題となっている、吉野弘さんの「祝婚歌」を、奥さまがお好きだとお聞きしたことがあったので、ぜひ！　とオススメしました。

そして、もう1冊は、猫好きなご夫婦に向けた『猫のいる家に帰りたい』という短歌集を。猫を飼っている人なら、絶対に共感できるはずの、やさしい短歌が集められています。

「妻ったら僕のことは忘れているくせに、猫のことは覚えているんだよ！」と苦笑するご主人を前にして、不覚にも涙ぐんでしまった私に、ご主人は、「大丈夫。また時々本を探しに来るからね」とやさしく笑いかけてくださいました。

私がおすすめした本

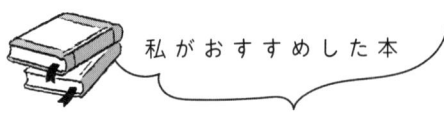

『祝婚歌』

（谷川俊太郎 編／書肆山田）

これから門出を迎える２人にも、何年も一緒にいる２人にも、胸に刺さる内容。特に、吉野弘さんの「祝婚歌」は名作です。結婚のお祝いにもオススメ！

『猫のいる家に帰りたい』

（仁尾智 短歌・エッセイ／小泉さよ イラスト／辰巳出版）

猫好きの猫好きによる、猫好きのための短歌集。こんなに短い文章なのに、読んでみたら、大きくうなずいたり、泣いたりしてしまう。短歌ってすごい!!　エッセイやかわいいイラストにもなごみます。

第30話

結婚相談も、書店員にお任せ!?

友人が、最近悩んでいるというので久しぶりに会うことになりました。彼女には長いことおつきあいしている彼氏がいます。若いころは「次はあなたたちの番ね」、「一体いつ結婚するの？」と言われ続けていましたが、20年近く結婚しなかったので、もはやだれも言及しなくなり……。彼女が結婚の相談をしたいと言ってきたときは、正直なところ意外でした。彼女いわく、結婚のことに一度も触れなかった友人は私だけだったそうで、だから逆に相談してみたくなった、と。

今まで結婚しないでいたのは、彼女自身に結婚願望がまったくないのが理由。ところが、それを承知のうえで何年も一緒にいてくれた彼が、最近になって、やっぱり結婚しないかと言いだしたそうなのです。

「子どものころ、父親の女性関係で悩んでいる母を見ていたから、結婚に希望を持てないんだよね……」とため息をつく友人に、「でも、ずっと一緒にいてくれた彼ならば信用できるのでは？」と伝え、「また近々ね」と別れた数日後。

彼女は、私の働く書店にやって来ました。

「なんだかクサクサしちゃって……漫画でも読もうかな！　おすすめの本、ある？」

よく知っている相手なだけに何をおすすめするか悩む……となる私に、彼女は「あなたが今いちばん続きを楽しみにしてる本を買う」と。


私が彼女におすすめしたのは『水は海に向かって流れる』。高校進学を機に、おじさんの住むシェアハウスに住むことになった主人公。くせのある住人のうちの1人、榊さんとは思いも寄らぬ因縁が。彼女の少し複雑だった子どもの頃の境遇に重なる部分がある本を堂々と勧めたことに、彼女は笑って、「漫画じゃなくてもいいから、何かもう1冊買っていくよ」と言うので、同じように次巻を楽しみにしている日々ごはんシリーズを押しました。

『帰ってきた　日々ごはん⑦』は、料理家高山なおみさんの毎日が、レシピとともにつづられています。2002年のスタート当初は、夫のスイセイさんと娘のりうさんとの暮らし、その後、シェフを務めていたお店を閉め、料理番組やＣＭなどで大活躍されていた時期を経て、最新刊ではスイセイさんと別々に生活をしている高山さんの様子が描かれていました。家族の形の変化を長い時間をかけてリアルに伝えてくれる1冊です。

「結婚は2人が納得していれば、してもしなくてもいいと思うよ」と私が言うと、彼女は「よく考えてみる。あんまり彼を待たせないように早めに！」と笑って帰っていったのでした。

私がおすすめした本

『水は海に向かって流れる』

（田島列島／講談社）

高校生の直達が、家族から離れて始まる家族の物語。シェアハウスとその住人たち、高校の同級生も魅力的で、まるで映画のよう。ふだん、漫画を読まないかたにもぜひ読んでほしい名作！

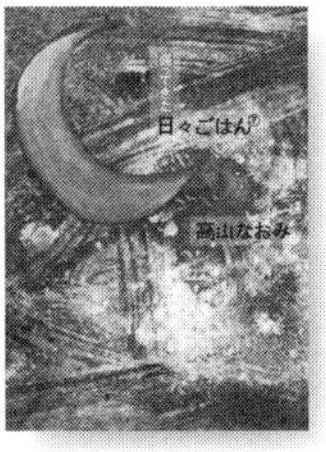

『帰ってきた 日々ごはん⑦』

（高山なおみ／アノニマ・スタジオ）

帰ってきてるし、7巻だけど、どこから読んでも大丈夫。高山さんの暮らしと、生活に密着したレシピが楽しめます。1作目から本作まで、夫のスイセイさんが手がけているデザインも魅力。

書店員あるある
付録差し込みは書店員の仕事

※バラバラに来る雑誌と付録をセットするのも書店員の役目です

第31話

ワンオペ家事育児と書店員

書店では、曜日や時間帯ごとにさまざまなお客さまがいらっしゃいます。土日は家族連れが、平日は学校が終わる時間になれば制服姿の中高生がたくさんやってきますし、夜は仕事帰りのスーツ姿が目立ちます。午前中はご年配のかたがたと主婦の皆さま。『サンキュ！』などの女性誌をレジで見かけるのも、この時間帯がいちばん多いんです。

ある日、「レシピ本のコーナーはどこですか？」とやってきたのは、さらっとしたリネンのワンピースをお召しの女性。棚にご案内したあと、「さっきはありがとうございました」と、その女性がレジでお会計をすませ、お帰りになる後ろ姿を見送りながら、私は「あれ？　彼女のことを知ってる気がするな……」と、思ったのです。だれだったか、どこで会ったか、さっぱり思い出せないけれど、彼女のことを知っている気がする……。

その謎は、早くも数日たった週末に解けました。またご来店されたその女性と一緒にいたのは、息子のかつての部活の顧問の先生！

「先生!!　お久しぶりですー！　お元気でしたか!?」と駆け寄った私に、「息子さんは元気でやっていますか？」と笑いかけてくれた先生と、その隣でほほえむ奥さま。息子が部活をしていた当時、先生とそのご家族をプライベートでお見掛けしたことがあり、それで記憶に残っていたのでした。

「先日はありがとうございました。また来ますね」と、目尻を下げてほほえむ奥さま。いつお会いしても穏やかでナチュラル。こちらの気持ちまでもさわやかにしてくれるかたです。

またしばらくして、平日にご来店された奥さまに「先生はお忙しいから、奥さまも大変ではないですか？」と聞くと、「平日は学校、土日は部活だから、ずっとワンオペです（笑）。でも主人がやりがいを感じているので」とおっしゃる。かがみ！　妻のかがみだよ!!　と、心のなかで拍手喝采の私。

「実はすごくつらい時期もあったんだけれど……。子どもがちょっと手を離れてきたので、こうして本屋さんにも来られるんです！」

つかの間の自由時間に、お子さんから目が離せない時期には読めなかった小説を読みたいとのことで、部活動をテーマにしたさわやかな2冊をご紹介しました。

そう。平日午前中の書店は、ひとときの自由時間を得た女性たちの楽園でもあるのです。その貴重な時間に出合った本が、いつかあなたの支えになるのかも。本日もだれかがそんな本に出合えることを願って、ご来店を心よりお待ちしております！

私がおすすめした本

『遥かに届くきみの聲《こえ》』

（©大橋崇行／双葉文庫）

「朗読コンクール」に青春を懸ける高校生たちの物語。物語を聲にのせて届けることのむずかしさと、1つのことに夢中になることのさわやかさ。読み進めながら熱いものがグッと込み上げてきます。劇中の朗読シーンは圧巻!!

『幕が上がる』

（平田オリザ／講談社文庫）

演劇好きの皆さま、お待たせしました！　こちらは高校の演劇部が舞台です。演劇に打ち込む生徒たちのひたむきさはもちろんのこと、彼らを指導する先生が素晴らしい。若いときの出会いは、宝物なのだと教えてくれる1冊です。

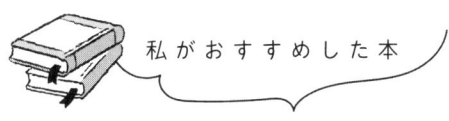

第32話

疲れると、本も読めなくなるんです

今年はつらい出来事が続き、コロナ禍の不安も相まって心がお疲れのかたが多いように思います。今回は、大好きなお客さまのお話です。

彼女は、とてもたくさん本を読まれるかた。年代も近く、お仕事もされていて、本が大好き。共通項が多いことから、自然と仲がよくなり、お会いするたびに雑談を交わすようになりました。週1ペースでいらっしゃっては何冊もまとめ買いされていたのですが、夏ごろからあまりお顔を見かけなくなり……。お仕事が忙しいのだろうと思っていたのです。

ある日、仕事帰りにカフェに立ち寄ると、後ろから彼女が声をかけてきました。私と同じようにコーヒーを買って帰ろうと思ったそう。いつもは元気なのに、すごくお疲れの様子。「最近いらっしゃらないから気になってたんです」と言うと、「見てのとおり、最近はぐったりで……」。

だれかと話したかったとおっしゃるので、店内で一緒にコーヒーを飲もうということに。よーし、今日はケーキもつけちゃうぜ！　コーヒーのよい香りで、少しホッとした様子の彼女の口から語られたのは、上司のパワハラでした。

「数カ月前までは、上司なんてこんなもんだという気持ちでいられたのに、最近はへこむことが増えて」

あーわかる。わかりますよ、と言うと、「本当？　今まで平気だっただけに、こんなことで落ち込む自分が悪いんじゃないかと思ってしまうの」。

元気なときは、スルーできる言動も、少し心のバランスがくずれたら、メンタルをえぐるものに変わる。私も以前同じようなことがあったから、気持ちがわかります。

私は最終的に、上司に会いたくなくて震えるようになりまして（同僚たちから「逆西野カナ現象」と言われていた）。大好きな本も頭に入らなくなったのをきっかけに転職したんです。「でも、それで書店員になれたので、ラッキーでしたー」と、彼女を見つめたら、その目には涙がたまっていました。「私も今、本が読めない……」。

本屋さんに行きたいと思えるようになったらおいで。待ってるから、必ず会いに来てね。そう言って別れて、数カ月。少しやせた彼女が会いに来てくれました。

「仕事、辞めたんです」

また少しずつ本を読むようになったという彼女に紹介したのは、力を抜いて読んでほしい2冊のエッセイ。

「しばらくは『頑張らない』でいく」と、いつもの笑顔で宣言した彼女。こんな時代ですもの。これからは、力、抜いていきましょ。

私がおすすめした本

『あやうく一生懸命生きるところだった』

（ハ・ワン／岡崎暢子 訳／ダイヤモンド社）

もう、「一生懸命」はやめよう。40歳を目前にふと立ち止まり仕事をやめた著者が「頑張らない人生」についてつづるエッセイ。自分をすり減らして生きなくてもいい、自分の幸せは自分で決めていいのだと教えてくれます。

『すべて忘れてしまうから』

（燃え殻／扶桑社）

著者の記憶をつづったエッセイなのに、なぜか自分の記憶が想起される不思議。作中にうっすらにじむ痛みが、自分のなかにあるかすかな痛みと重なる気がする不思議。燃え殻さんは、すごい。イラストも素敵なんです。

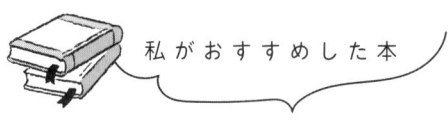

第33話

いくつになっても推しは尊い！

突然ですが、皆さま。推しはいますか？　ちなみに私は、若かりしころから星野源さん推し。ここ数年の年越しは〝今年も源さんが健康に1年を締めくくってくれたことに感謝して泣く〟のが恒例です。

さて、書店には毎日たくさんの人々が推しの情報を求めて訪れます。写真集、雑誌、エッセイ……。初回限定版が出るとなれば、予約が殺到。開店前から入り口にお客さまが並ぶことも！

先日も、70代後半くらいの女性が、雑誌をレジにお持ちになりました。表紙では、氷川きよしさんが麗しくほほえんでいます。

「レジ袋は有料ですが、いかが致しますか？」とお聞きすると、「雨だからいただくわ。ぬれないようにテープでしっかり留めてくださいな」。雑誌を、そーっと袋に入れつつ、「きれいな表紙ですね」と言ったところ、そのおばあちゃまは「ずっと〝大ファン〟なのよ～♡」と両手を祈るように組んで、うっとり。

「最近の雰囲気ものびのびしていて素敵よね！　きーちゃんが自由に生きてくれることが私の喜びなのよ。あのおったまげ～♪　の歌も元気が出ていいわ！」と、氷川さんの某アニソンを歌いだしたのには、笑いました。

隣のレジでお会計中だった大学生風の女の子も吹き出し、おばあちゃまに笑顔を向けます。「推しがいるのってうらやましい。私ってさめてるのか、だれかに夢中になったこと、ないんです」と女の子。おばあちゃまは「そういえば孫からも、最近は〝ファン〟じゃなくて、〝推し〟って言うのよって言われたわ」とにっこり笑って返事をします。

「お客さまは、きーちゃん推しですね」と、目の前のおばあちゃまに笑いかけると、隣でお会計をしていた同僚が女の子に、「芸能人だけが推しではないですよ……。お買い上げになった本の作家さんは、お客さまの推しではないですか？」とほほえみました。すると彼女は、ハッとした顔をされ、「そうですね、推しです！」。そして、「もっと推しの作家を増やしたいです！」。

私が、お買い上げになった本の傾向から、まだ読んだことがないという作家さんの著書をいくつか紹介すると、『滅びの前のシャングリラ』と『あひる』を選び、ご購入されました。

後日、再びばったりレジで一緒になった2人。「ジャジャーン!」と、雑誌の表紙を見せたおばあちゃまに、彼女も笑顔で「ジャジャーン。私の推しです!」と文庫本の表紙を見せてくれたのでした。

私がおすすめした本

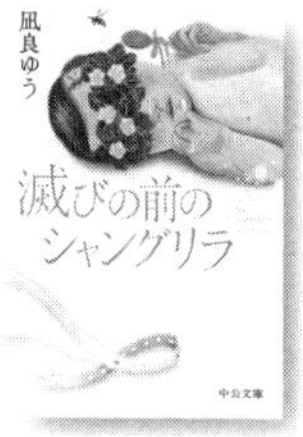

『滅びの前のシャングリラ』

（凪良ゆう／中公文庫）

1カ月後、小惑星が衝突し、地球は滅亡します。人生をうまく生きられなかった4人が、最後の1カ月をどう生きるのか。コロナ禍で、生きることの意味や、幸せとは何かを問われている気がします。ぜひ読んでほしい、名作です。

『あひる』

（今村夏子　ＫＡＤＯＫＡＷＡ／角川文庫）

あひるの“のりたま”を飼い始めた家族。あひるは近所の子どもたちの人気者になるが、病気になり、入院してしまう。数週間後に帰ってきたあひるは、前とどこか違っていて……。この本はすごい。児童書のようなのにホラーのようでもある、傑作です。

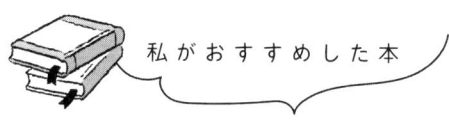

自分を好きになれる本ありますか？

ある日、30代後半くらいの男性から「離婚の本は、どこにある？」とお問い合わせがありました（ちなみに当店の「離婚の本」コーナーは「結婚の本」コーナーと隣り合わせ。その棚の近辺で人々の人生の機微を垣い間見ることが多々あります……）。

棚までご案内すると、「どの本がオススメ？」と。おぉん……むずかしい質問デスネ……近くで棚の整理をしていた担当者に確認し、売れ筋の本をご紹介しました。そのやり取りを見ていた女性が、そっと同じ本を手に取るのが目に留まりました。

「タイトルが見えないようにカバーをかけてね（笑）」とおっしゃる男性のお会計が終わり、次にレジにやって来たのは、さっき同じ本を手に取られた女性。「お願いします」と言った彼女の声に聞き覚えがあり、お顔を真っすぐ見ると、彼女はかつて働いていた会社の同僚。

「久しぶり！」、続いて「元気？」と聞きたいところだけれど、レジには先ほどの男性と同じ、離婚の本。彼女は察したように本をチラッと見て、「カバーはいりません。久しぶりに会えたし、近々お茶でもどう?」と笑うので、退勤後にお店併設のカフェでお茶することに。

退勤後、カフェに向かうと、彼女は先ほどの本を読んで待っていました。話を聞けば、離婚に向けて別居し始めたばかりとのこと。

「いわゆる〝サレ妻〟ってやつよ」と彼女。「旦那の不倫はもちろんつらかったんだけど、相手への憎しみとか、その後の生活への不安でうろたえている自分が嫌いで。知らず知らずのうちに、夫の付属品のような存在になっていたのかも」と言います。「でもよく考えたら、まだ人生折り返しだもんね。またいいことある気がするし、自分で歩こうって元気が出た」。そう言う彼女に、私は「少し待ってて!」と席を離れ、急いで本を1冊買ってきました。『本音の置き場所』は、芸人、バービーさんの著書。ショッキングピンクの帯が元気をくれます。

後日、「ちょっと自分を好きでいようって思えた」という感想とともに「ほかにもオススメの本を教えて」とLINEが届きました。

「『セクシー田中さん』って漫画、読んだこと、ある?」と聞くと、「ない! お取り置きお願いできますか?」と返事が。人生いろいろなことがあるけれど、今までよりも少し自分を好きになれたら、その先にきっと幸せが待っているはずです。

私がおすすめした本

『本音の置き場所』

(バービー/講談社)

芸人バービーの姿しか知らないかた、損してますよ! 自分の欲やコンプレックスについて、真正面から向き合う彼女は美しくかっこいい。自分も闘う者であろう、と力がわく1冊。

『セクシー田中さん』

(芦原妃名子/小学館)

主人公のゆるふわOL・朱里は、優秀な経理部員だけれどアラフォー地味女の田中さんが気になって仕方ない。大人にこそ読んでほしい、名作漫画です!!(追記:未完となってしまいましたが、ずっと勇気をもらっていました。芦原先生、ありがとう)

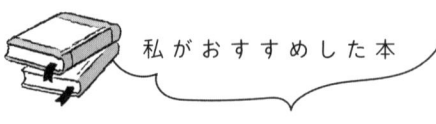

※開店1時間前に出勤し、
今日発売の雑誌や書籍の新刊を並べます

第35話

この春、旅立つ君へ

「あーん、うちの娘ったら勉強しなくてイヤんなっちゃうわ！」。常連の女性は、受験生の子を持つお母さん。

今まではお子さんから頼まれた漫画を買いにいらっしゃることが多かった彼女が、昨年は参考書や大学案内を買われるようになり、私にも同い年の息子がいるので、「お互い大変ですね」とお話するようになりました。

当事者である子ども以上にソワソワしてしまう親心……。自分の受験のときのほうがどれほど気楽だったことか！

どこのお母さんも同じようで、あちらこちらで受験情報が飛び交い、子の進路を心配しては、ため息をつく母たち。

「勉強してないとは思ってないんだけど、もう少し頑張ってほしいのよね」と言うお客さまに、「きっと親御さんの前で頑張っている様子を見せるのが恥ずかしいんですよ」とほほえむ私。

「こんなに参考書を買って勉強してるんですから！」と励ますと、お客さまは、「こうして漫画も買っているじゃないの」と、買ったばかりの新刊を私に見せました（笑）。

それはちょっとした息抜きですよ～と見送ったのは、夏の終わりのこと。

「うちの子、漫画をぜーんぶ片づけたのよ！」と報告があったのは、店の近くのイチョウ並木が色づいてきたころのことでした。たくさんの漫画が、今はお母さんのクローゼットに収納されているそうで、「場所を取ってかなわないわよ!!」と文句を言いつつ、ちょっとうれしそう。「春にまたお子さんの部屋に戻せばいいじゃないですか！」と言うと、彼女は、「お互い頑張りましょうね、って頑張るのは私たちじゃないんだけど」と豪快に笑いました。

そして、先日。漫画の新刊をお求めに来店された彼女が、「娘が一人暮らしをすることになって、部屋を探してきたの」とおっしゃいます。

「合格されたんですね！　おめでとうございます！」と言うと、「部屋が狭いから、漫画は持っていけないんですって」と寂しそう。「最近、娘が小さいころのことをよく思い出しちゃうわ。近所の小型犬を怖がって、その家の前は必ず抱っこして通っていたこととか、『ポテト』って言えなくて『ポペト』って言っていたこととか」と涙目に。もちろん私だって涙目。「ちょっと、ティッシュ取って！」と同僚に声をかけました。

手紙は気恥ずかしいので、本を渡したいという彼女に、門出を祝う本をご紹介しました。包装紙にくるんだ本を手に帰って行った彼女。

もうすぐ、桜の季節がやってきます。

私がおすすめした本

『砂漠』

(伊坂幸太郎／実業之日本社文庫)

ちょっとさめた青年、北村は、大学に進学した春、4人と友人になります。若い世代に読んでほしい、大学生活を舞台にした小説の傑作。作中に登場するサン＝テグジュペリの言葉が素晴らしいので、その言葉を探してみてくださいね。

『檸檬のころ』

(豊島ミホ／幻冬舎文庫)

田舎の高校を舞台にした、7つの物語。大きな事件は起こらないのだけれど、登場人物たちや学校、町の雰囲気を知っているような気がしてページを繰る手が止まらなくなるのは作中に漂う圧倒的なノスタルジーによるもの。

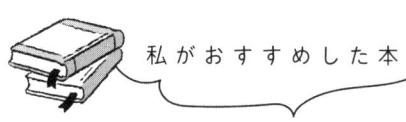

第36話

美容室での、出来事

その日、私は美容室にいました。

行きつけの美容室は、コロナ禍で一変。マスクのフチを医療用テープでほっぺたにペタッと貼りつけて、耳のゴムをはずすことで、マスクのままでカットしてもらうスタイル。入り口も大きく開放されています。

私が予約した時間には、そばかすが印象的なかわいい女の子が1人。席を2つ空けて案内されました。

美容師さんとの会話も激減。店内に響いているのは、髪を切るはさみの音だけ。あまりの静けさに居たたまれなくなった美容師さんが、女の子に「どこにも出かけられないから、つまらないよね」と話しかけました。

すると女の子は、「大学に入学して、この町に引っ越してきたんですけど……。授業もほとんどリモートで、まだ友達が1人もできていないからホント暇です」。イントネーションから関西出身だとわかる童顔の女の子が、遠く関東までやってきたのに学校にも行けず、友達もできていないという状況を考えたら、隣で髪を切られていた私（ケープを巻かれ、白髪染め中）は涙目に。かわいそう！　つらいねぇ！

そんな私を見た担当の美容師さんが「ちょっと、すぐ泣くんだから！」と笑い、隣の女の子に「本、好き？　彼女は書店員さんで、よく面白い本を教えてもらってるんだ」と話しかけました。

小学生の頃から理科が好きで、大学での専攻は生物学という彼女。巣ごもりの時期、コロナ関連の本をいろいろと読んでみたとのこと。ただ、フィクションは詳しくなく、ほとんど読まなかったそうなので、おすすめの2冊を紹介しました。

『リウーを待ちながら』は、ウイルスの感染拡大を描いた漫画。発売されたのは2017年ですが、コロナ禍の現代と重なる部分が話題を呼び、注目された作品です。もう1冊は、『コロナと潜水服』。直木賞作家、奥田英朗先生の待望の新作。少し不思議でやさしい物語を集めた短編集は、1人の時間を温かく満たしてくれるはず。

女の子は、「ステイホームの間、勉強や読書することの意味を考えていました。こんな大変なときに勉強させてもらって、読書もできて、すごく幸せ者ですよね」とつぶやきました。

1カ月ほどたち、また髪を切りに行った私に、美容師さんがあの女の子から預かったというメッセージカードを手渡してくれました。

「すごく面白かったです!!」と、ゆるかわいいイラストつきで書かれたカードを、大切に手帳にはさんでいます。

私がおすすめした本

『リウーを待ちながら』

（朱戸アオ／講談社）

感染症がまん延し、封鎖された都市。医師、自衛官、母を亡くした娘……さまざまな視点から物語が描かれます。作中に登場するカミュ作の『ペスト』と併せて読むのがおすすめ！

『コロナと潜水服』

（奥田英朗／光文社文庫）

表題作の「コロナと潜水服」を含む、全５作の短編を収録。登場人物が皆やさしく愛おしい。なかでも奥田先生の描くおじさんは格別です。読めば、表題作に登場するステイホーム中の一家にほっこりするはず。

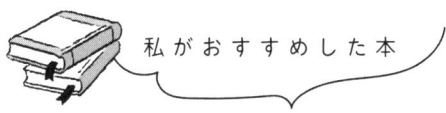

第37話

書店員、お客さまになる

わたくしごとではございますが、このたび引っ越しをいたしました。

最近、ようやく引っ越しのバタバタが落ち着いてきたので、周辺を探索してみることに。電車に乗って、買ったばかりのカズオ・イシグロの新作を開こうとすると、向かい側の席の、眼鏡をかけた若い女性と目が合いました。彼女の手元を見ると……おぉ、その手にも同じ本が！　うれしくなって笑いかけると、彼女はにっこりと会釈をしてくれて、とてもよい気分で目的の駅に到着。先ほどの女性も同じ駅で降りたようでした。

その後、私は入り用な物を購入し、最後に書店に寄ることに。ショッピングモールの中にあるその書店は、不思議と〝町の本屋さん〟の空気をまとっていて、とても親しみやすく、居心地がよい店。お客さまが次々にやってきます。

「すみません、猫が出てくるＳＦを探しているのですが……」

「加藤シゲアキさんがおすすめしていた本を探しているんですけど」

さまざまなお問い合わせを解決していくその店員さんは、なんと、先ほどの眼鏡の女性！　物静かな雰囲気のかたなのですが、仕事は素早く、お客さまが本の特徴を口にすると、サッとカウンターを出て棚から探し出してきます。無駄のない動きに、お客さまも満足気。

お客さまが途切れたところでカウンターの彼女が、「さっき、同じ電車でしたね」とほほえみました。このかたのおすすめする本を読んでみたいなと思い、「すき間時間に読める短編集で、おすすめはありますか？」と聞くと、「こちらは、もう読まれましたか？」と、すぐに2冊ご紹介してくださいました。

『スナック　キズツキ』は、路地裏にある、アルコールを置いていないスナックに、引き寄せられるようにやってくる人々の物語。もう1冊の『天使と悪魔のシネマ』は、2019年の話題作『ひと』の著者、小野寺史宜さんの本です。

買ったばかりの本を抱えた、帰りの電車の中で、ふとスマホのメールを見ると、求人情報に先ほどの書店が載っていました。家にたどり着くのももどかしく、最寄り駅の改札を出たところで電話をかけると、すぐに面接の日程が決まり、その書店で採用していただけることになりました！

新しい書店で、またたくさんのお客さまと出会えるのを楽しみにしています！

眼鏡の女性がおすすめした本

『スナック キズツキ』

（益田ミリ著／マガジンハウス）

職場で、家で、嫌なことがあったあなた！ スナック キズツキのドアを開いてごらんなさい。きっと、ひと息つけるはず。アルコール以外はだいたいあります。ぜひ疲れた夜のお供にしてください。

『天使と悪魔のシネマ』

（小野寺史宜／ポプラ社）

「ふつうのひとたち」の運命の岐路に絶妙なタイミングで現れる天使と悪魔。ひとの生死が描かれている作品ですが、やさしい文体が気持ちを温かくしてくれます。全部読むと、物語の仕掛けに気づく、エンターテインメントな１冊。

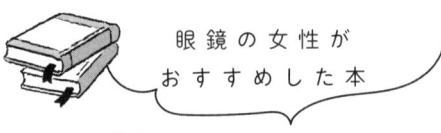

書店員あるある
腰痛もち、ギックリ腰率多し

第38話

強力な助っ人、現る

ありがたいことに、書店は毎日忙しい。最近は、呪いと戦う少年の漫画が大ヒット！　その日は最新刊の発売日とあって、レジには長蛇の列が。学生さん、子どもに頼まれた（であろう）母親、なんだかよくわからないものの孫に頼まれた（っぽい）ご老人。老若男女が次々とコミックを手に現れます。

私が担当するレジには、全巻をかごに入れた男性が。

「カバーをお掛けする本はございますか？」「全巻掛けて、背表紙に巻数をふってください」「少々お時間いただきます」。シュリンクといわれるビニールをはがし、カバーを掛けて、巻数を書き込み、紙袋に入れ、を繰り返し、達成感とともにお客さまを見送ると、次に現れたのは、常連の女性。彼女は、週に何度か来店される読書好き。いつもおしゃれでさっぱりした気性のかた。

「ハハハ、疲れたーって顔してるね！」。疲れ顔を見せるなんてプロ失格！　と反省しつつ、「すごい行列でしたね」と返事をし、「先日買われた本は読まれましたか？」と聞いてみました。前回、おすすめした本を買っていってくださったのです。「すごくよかった！　今日は同じ作家さんの本を買います。ほかにおすすめはある？」。最近、親子をテーマにした本をいろいろと読んでいるのだそう。「実は親になるの」とおなかに手を添え、「アラフォーで母になるからいろいろと不安で！　愛情を押しつけすぎて毒親になってしまわないか、とか……」と苦笑交じり。

「それでは、こちらは？」。内田也哉子さんと中野信子さんの共著をご紹介すると、「これ、気になってた！」と即決。「ほかに何かある？」。何冊かご案内したものの、さすが読書好きのお客さま、ご紹介した本はすべて読了されています。おぉん。もう私からご紹介できる本はございません。閉店ガラガラ〜。悲しく心のシャッターを閉めようとしたそのとき、先輩のNさんが通りかかりました。

「Nさん！　親子をテーマにした本でおすすめありますか？」。突然のむちゃぶりにもかかわらず、出るわ出るわ、Nさんからのおすすめの数々！　お客さまは、その中から『あのひとは蜘蛛を潰せない』をセレクト。

わたくし、強力な助っ人を手に入れました。お客さまをお見送りしたあと、「さっきの本、まだ在庫ありますか？」と聞くと、Nさんは、「読みたくなったでしょう。お買い上げありがとうございます」とニヤリとしたのでした。

私とNさんがおすすめした本

『なんで家族を続けるの？』

（内田也哉子・中野信子／文春新書）

内田裕也・樹木希林夫妻の一人娘、内田也哉子さんと、脳科学者の中野信子さんの対談集。「普通の家庭」とは。「子育て」とは。さらには「幸せの尺度」とは。深く考えるきっかけにしてみてはいかがでしょう。

『あのひとは蜘蛛を潰せない』

（彩瀬まる／新潮文庫）

「みっともない女になるな」という母の言葉が呪縛となる主人公、梨枝。親子の呪縛って、あるよね。娘に対する共感と、この母と同じことをしてはいまいかという気まずさが交互にやって来ます……。それでも何度も繰り返し読みたくなる名著。ぜひ女性に読んでほしい１冊です。

第39話

つらいイヤイヤ期も、過ぎてしまえば……なんです

ある日、ギャンギャン泣く男児を抱えたお母さんが、レジの列に並びました。その手には、『サンキュ！』が（嬉）。

幸いにもレジの列は短い。私は「もうすぐ順番だよ！　がんばれ！」と念を込めてお母さんを見つめました。

ところが、お会計中のおじさまが目に見えてイライラし始め……。舌打ちしながら、カウンターを指でトントン叩き出しました。

「カバーお掛けしますか？」と聞くと「あぁ……」と曖昧に頷《うなず》き、後ろに並ぶ親子をチラ見して舌打ちし、「全く……うるさいな」とひと言。

そり返ってぐずる子どもと格闘していたお母さんは、ハッとして俯《うつむ》き、その後ろに並ぶ、パズル雑誌を抱えたおばさまが気の毒そうに彼女を見つめます。

イライラおじさんのお会計を終え、その親子の会計を始めると、お母さんの目が心

なしかうるんでいるように見えました。

つい、「この時間の子どもはぐずりますよね！　私も息子にはすごく手を焼いたのでわかりますよー。うちの息子、今はもうぐずらないので、大変なのは本当に少しの期間ですよ」と話しかけると、隣のレジで会計を始めたパズル雑誌のご婦人が、「あら、お子さん小さいの？」と聞いてきたので、「今年、19歳になります……（笑）」と言うと、「そりゃあ、もうぐずらないでしょうね！」と笑い、「でも、本当に今のうちだけよ、すぐに手を離れるのよ」と実感がこもった口調で言うのでした（ちなみにその間もお子さんは海老反《えびぞ》りでバタバタし続けてる）。

「朝は機嫌が良かったので、いけるかなと思ったんですけど……、今度はゆっくり来ますすね」とお母さんは帰って行きました。

今だけよー！　と声をかけてくれるやさしいおばさんと共に、後ろ姿を見送った日から数週間後。

雑誌コーナーで、補充作業をしていた私に、「すみません……女性向けのエッセイはどのあたりにありますか？」と聞いてきたのは、先日のママ。

「こんにちは！　今日はおひとりでいらっしゃったんですね！」と言うと、彼女は「あ、先日の……」と照れ笑いし、「今、夫と子どもはフードコートでおやつ食べてるんです。その隙に（笑）！」。

エッセイコーナーまでご案内して、何点かご紹介し、その中から彼女が選んだのは、〝幸せ〟についての本。

彼女は「イヤイヤ期が辛すぎて、今が幸せかどうかわかんなくなっちゃうんですけど、『今だけ』と思って乗り切ります」とほほえみ、家族が待つフードコートに戻って行きました。

大変なイヤイヤ期も、いつか良い思い出になりますように！

私がおすすめした本

『ちょっと幸せ　私だけ？の“小さなハッピー”探し～たべもの編』

（ちょっと幸せ探し委員会／大空出版）

誰でも買ったことがあるたべものに隠れた“ちょっと幸せ”。「コアラのマーチ」の“まゆ毛コアラ”や「エビスビール」のラッキーエビスをはじめ、出会えるとハッピーになるたべものがたくさん紹介されています。ちょっとしたプレゼントにもオススメ！

『私は私に時間をあげることにした』

（レディーダック／趙蘭水 訳／SBクリエイティブ）

SNSで15万人のフォロワーを持つ人気エッセイストの最新作。仕事、家事、育児……、毎日やらなければならないことに追い立てられ、自分のことを後回しにしてしまっていませんか？　立ち止まっても、休んでもいい。ずっと歩いていかないといけないのだから、時には自分を待ってあげよう。かわいいイラストと文章で、ゆっくり大切に読みたくなる1冊です。

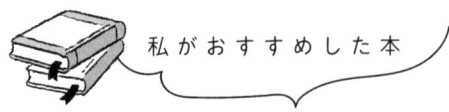

第40話

私たちにたりないのは『きゅん』です！

今年も夏がやって来ました。季節は毎年めぐってくるわけですが、わくわくするのはやっぱり夏じゃない？　私だけ？

私の働く書店は駅前にあることもあり、夕方には学校帰りの学生さんがたくさんやって来ます。その日も夏服姿のカップルが漫画を買っていくのをほほえましく見ていると、常連のお客さまがカウンターにやって来て、「まぶしいですよね～」と言いました。某コミックの特装版の予約にいらっしゃったその女性は、私と同世代。少年漫画を愛する私と好みが似ていて、時々情報交換をしています。

「ときめきという感情、昔は確かに持っていたはずなのに、今はもう思い出せないわ～」と言う彼女に、「現実の世界での『きゅん』はなかなかむずかしいですけど、恋愛漫画とか読んでみたらいいのかもしれないですね」と返すと、「恋愛ものってふだん読まないけど、たまにはいいかもね！」と賛同してくださいました。

「私、最近すごくよいお話を読んだんです！」と早速、1冊紹介したまではよかったのですが、「ほかには何かオススメある？」のひと言に「……（チーン）」。恋愛ものにうとい私は、なかなかこれ！　というものが思いつかない。

近くにいた同僚たちに「『きゅん』な漫画といえば？」と問うと、「BLなら何冊でもご紹介できますけど」。「バトルものしか読まないんです」。

おぉん……『きゅん』を知る人物はどこに⁉　コミック売り場に走り、担当者（彼女も私と同世代）に「『きゅん』をくれよ！」と叫ぶ。

「え⁉　専門外なんだけど。私の漫画の好みは、おばさん通り越しておじさんなんだよね」とブツブツ言いながらも、さすが担当者。たくさん『きゅん』な漫画を教えてくれました。

なかでも彼女のイチオシは、偶然私のオススメした本と同様に、年下男子との恋を描いたもの。

「年下のイケメンはいいよね……」と私が言うと、「年下イケメンとの恋愛漫画は、現実を忘れさせてくれるファンタジーだからね」とひと言。

カウンターに戻り、担当者のことばをそのまま伝えると、お客さまは大笑いして、「そのとおりかも！　帰って、ファンタジーの世界にひたる！」と、お帰りに。

後日、続刊を買いにいらっしゃったお客さまは、「もう、ドはまりよ〜！　続きが気になるけど、終わってほしくない！」と苦悩していました（笑）。

現実の世界に少し疲れたら、『きゅん』の世界に足を踏み入れてみてはいかがでしょう。

私と同僚がおすすめした本

『自転車屋さんの高橋くん』

（松虫あられ／リイド社）

飯野朋子（はんのともこ）、通称パン子、30歳。近所の自転車屋さんの高橋くん（ヤンキー風）と、ひょんなことから仲よくなって……。自己肯定感の低い主人公と、不器用な彼の恋愛模様が尊すぎる。本気のオススメです。

『青島くんはいじわる』

（吉井ユウ／大誠社／めちゃコミックオリジナル）

妹の結婚式に彼氏を連れてこいと言われた雪乃（35歳／彼氏なし）。会社の年下イケメン、青島くんにダメ元で1日だけの彼氏役を頼んだら……!?　生意気な年下（重ねて言うがイケメン）の青島くんに『きゅん』が止まらないはず！

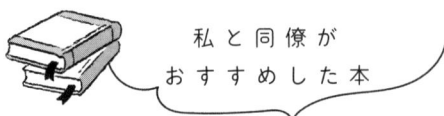

第41話

お母さんだってだれかの子どもです

「認知症関連の本はどこですか？」

声をかけてきたのは、たぶん40代後半くらいの女性のお客さま。最近、お母さんとのコミュニケーションがうまくとれない……と感じていたところ、認知症と診断されたそう。ショックで落ち込んでいたけれど、「このままではいけない、認知症について勉強しよう」と、本を買いにいらっしゃったといいます。

「私も祖母が認知症だったので、お気持ちはわかります」と、棚までご案内。〝老い〟は、人間にとって大きなテーマ。専門書からライトなコミックエッセイまで、ご紹介できる本がたくさんあるのです。

「私、遅くに生まれたひとりっ子で。大切に育ててもらったのに、親の介護を自分の手でしてあげられなくて……。今度、施設に入ってもらうんです」

ご自身は、3人の男の子のお母さん。いつも忙しく、事情もあり、お母さんの介護まではできないと、悲しい顔でおっしゃいます。

「子どもも反抗期で、私って母としても娘としてもダメだわって落ち込んじゃう。私の母は、祖母を自宅でみとって、でも私の前ではいつも明るくて元気だったの」と、涙目に。

自宅での介護は、当たり前にできることではなく、介護する側が参ってしまうということもあるでしょう。

でも、親の介護ができず罪悪感を持ってしまう気持ちも、よくわかる。

そして、明るくて元気だったお母さんが、認知症によって違う人みたいになってしまうことが、どんなに悲しいことか。

せめて、お母さんが施設に入ったら、できるかぎり顔を見せに行くのだという彼女。「行き帰りの電車で読む本も買っていこうかな」。それなら、とご紹介したのが、『にぎやかな落日』。元気でかわいい主人公のおばあちゃんが、お客さまのお話しされるお母さんと重なります。

そして、「こちらは電車で読むのはおすすめしないのですが」と、『あんなに　あんなに』という絵本をお見せしました。絵本のページをめくった彼女は、「もう！　買うしかないじゃないの！」と、ハンカチで涙を拭いながら笑います。

お会計のとき、「ふふふ。私もその本を読んで泣いたんです。たぶん、お母さんがお元気なときに読んだとしたら、私たちと同じように泣くと思いますよ」と言った私に、「ありがとう」とスッキリした顔で笑った彼女。それは、母であり、娘でもある、悩みながら頑張っている、１人の女性の顔でした。

私がおすすめした本

『にぎやかな落日』

（朝倉かすみ／光文社文庫）

主人公は、北海道で１人暮らしをするおもちさん（83歳）。おもちさんが、まーあかわいいこと！　わがままを言ったり、へそを曲げたりもするけれど、愛すべきおばあさんの最晩年の物語。

『あんなに あんなに』

（ヨシタケシンスケ／ポプラ社）

人気絵本作家、ヨシタケシンスケさんの新境地！　この絵本は、本当にすごい。当店のスタッフの母たち、入荷した本を読んで開店前に全員泣きました（笑）！　“あんなにあんなに”という言葉のリピートで、こんなに心が震えたことはありません。

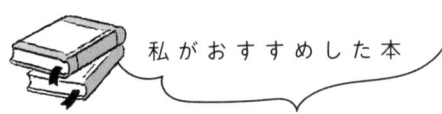

第42話

そろそろ、どこかへ出かけたい

その日、仕事を終えた私は、勤務先の書店で友人へのプレゼントを選んでいました。遠く離れた国で結婚し暮らしているその友人とは、しばらく会えていません。この夏に帰省する予定も、コロナ禍でパアに（涙）。

せめて何か贈り物を……と思い、リクエストを聞くと、「日本の調味料と最近読んで面白かった本が欲しい」と言います。

むずかしい注文に棚の前で頭を悩ませていると、「すみません」と声をかけてきたのは、最近よくお見かけする女性のお客さま。

ゆるっとしたブラウンのワンピースに、アフリカの布地のバッグを合わせていて、とてもおしゃれ。ちょくちょく来店されるので、私の顔も覚えてくださっているのでしょう。

声をかけた後、私が私服姿だと気づいたようで、「あれ?」という顔。

「何かお探しですか？」と聞くと、「お仕事中じゃないのによいのですか？」。タイトルを伺って、もしすぐにわかるものでなければ、勤務中のスタッフに引き継ぎます、と答えると、そのお客さまは「ガイドブック以外に、旅行の本ってあるんでしょうか？」とおっしゃいます。

そういえば、その女性はいつも不思議なお買い物をしていました。ガイドブックを何冊か買われるので、どこかに行かれるのだろうと思いきや、場所が「ハワイ　京都　長崎」といったぐあいでばらばらなのです。

「行き先はお決まりなんですか？」と聞くと、「いつもガイドブックを買っているんだけど……実は行き先はなくて、妄想なんです（笑）」。旅行が大好きで、コロナ禍以前は時間をつくっては旅に出ていたという彼女。今は気軽に出かけることさえできないので、妄想で旅行しているのだとか（かわいい！）。

「それでは、紀行文や外国暮らしを描いた漫画などはいかがですか？」

ちょうど、私が友人に贈ろうと手にしていた漫画は、ベルリンを舞台にしたものでした。おすすめしてみると「わぁ！　ベルリン、行ったことないんです！」と、にっこり。もう1冊は活字ものをご希望だったので、原田マハさんの旅エッセイを。

並んでお会計をすませた後、私が「また気軽に旅に出られる日が待ち遠しいですね」と言うと、「その日まで妄想で旅をします！　また来ますね！」と手を振って帰っていきました。

あなたも、本を片手に妄想旅行をしてみてはいかがでしょうか？　妄想なら、地球の反対側へも海の底へも、宇宙にだって行けちゃうんだから、すごくお得ですよね！

私がおすすめした本

©靴下ぬぎ子（秋田書店）2021

『思えば遠くにオブスクラ』

（靴下ぬぎ子／秋田書店）

家を火事で失ったフリーカメラマンの亜生。思い立ってドイツに移住を決めた彼女の行く末は……？　ベルリンでの暮らし、感じてみてください！　作中のごはんがおいしそうなのも◎。

『フーテンのマハ』

（原田マハ／集英社文庫）

数々の名作を生み出す、原田マハさんてどんな人？“移動”が好きで食べることが好きな彼女の旅行記です。さすがの筆力で旅の楽しさが伝わってきます。

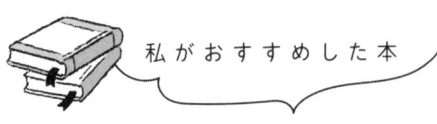

第43話

今日がいちばん若いんだから

まだ桜が咲いていたころのこと。

たくさん文庫本を手にしているお客さまがいらっしゃいました。

「買い物かご、お使いになりますか？」と話しかけると、「ありがとう」とにっこり。グレイヘアがきれいなそのお客さまは、柔らかな色のニットとデニムにバレエシューズといういでたち。なんて素敵！　私も将来こんなマダムになりたい！　と、心の中でもだえました。今日は、同居されていたお姉さんが入院して、差し入れの本を買いに来たとのこと。

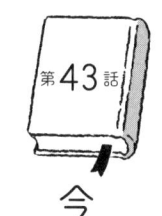

「姉は今まであまり本を読まなかったのだけれど、入院生活が暇で読むようになったのよ。特にミステリーが好きみたいなんだけど、私は詳しくなくて……」

「お姉さんは、イヤミスがお好きなんですか？」。レジにお持ちいただいた買い物かごの中には、イヤミスがたくさん。すると、お客さまは「イヤミスって？」。読後にイヤな気持ちになるミステリーとお伝えすると、「あら、姉は特にそういうのが好きっていうわけではないわ。面白ければ喜ぶとは思うけれど……」。

偶然にもイヤミスばかりを選んでしまったらしく（笑）、困り顔の女性に、

「イヤミス、面白いんですよ！　なかでも、お持ちいただいたこの本は名作です！」

そして、スッキリとハッピーエンドの作品も併せておすすめし、ご購入いただいたのですが、後日聞いてみると、お姉さんはすっかりイヤミスにハマってしまったのだとか（笑）。

それから数カ月、夏も終わり秋が来て、ちょっと肌寒い日も増えてきたころ。久しぶりにご来店されたお客さまは、少しおやせになっていました。お姉さんが亡くなって、最近ではすっかり気力がなくなっていたとのこと。

「長く2人で暮らしていたので寂しくてね。化けて出てくれないかしら、と思うくらい（笑）」。差し入れで買った本を病院から持ち帰り、全部読み終えたと言う彼女に、ちょっと不思議なおばちゃんたちのお話をおすすめしてみました。1冊はファンキーなおばちゃんが化けて出てくる物語。もう1冊は、65歳で、新しいことに挑戦する女

性のお話です。「あら、私と同い年！　そうよね、年を取っていても今日がいちばん若いんだから、新しく始めてもいいのよね」と、本を手に取った彼女の笑顔は、少しだけ表紙の女性に似ている気がしました。

私がおすすめした本

『おばちゃんたちのいるところ』

（松田青子／中公文庫）

いつかこの世のものでなくなったら、私も化けて出てみたいと思ってます。小技のきいた、なんだかクセになっちゃう短編集。１話目のおばちゃんが特に好き！

『海が走るエンドロール』

（たらちねジョン／秋田書店）

夫を失った老婦人が、ひょんなことから美大生と出会い、映画の世界に飛び込んでいきます！　何かを始めたい人の背中を、力強く押してくれる１冊。グサグサと心に刺さりますよ！

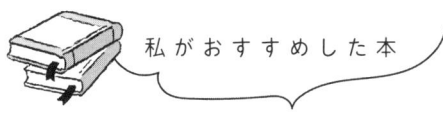

第44話

クリスマスが今年もやってくる!

クーリスマスが今年もフフフフン♪　今年も某ひげのおじいさまのお店のCM曲が頭の中でリピート再生されております。

書店はこの時期が最も忙しい。品出しをしつつも呼ばれれば、レジの列をさばき、ラッピングをし、商品の問い合わせを受ける……。目まぐるしく、一日が終わっていきます。

最近、いちばん印象に残ったのは、お子さんへのプレゼントを探しにいらっしゃったご夫婦。「いや普通やないかーい!」と思うでしょ?　違うの!　その日の夕方、旦那さんだけまた来て「読書好きの妻の枕もとにもこっそりプレゼントを置きたい」っておっしゃるんです!　すごくない?　ステキじゃない?　その場にいた店員みんなで「ステキ~~♡」と叫びましたよ。真剣に奥さまが喜びそうな本を選ぶ、その姿を昼間ご一緒だった奥さまに見せたい。この様子だけで、充分すぎるプレゼントのように思います。つい目頭が熱くなって、「なんで泣いてるんですか!?」と、お客さまからけげんに思われましたが……。お客さまが悩みながら選んだ本をラッピングし、大切に抱えてお帰りになる様子を見て、また涙目になる私。

毎年思うことだけれど、大切な日の贈り物に本を選んでくださる人がいるって、書店員にとってこの上ない幸せなのです。残業になろうとも、休憩時間が遅くなろうとも、本当に、本当にうれしい。

今回は、今年のクリスマスプレゼントにお客さまと一緒に選んだ本のなかから、印象的だった2冊をご紹介します。

1冊は、大学生の男の子がクリスマスが誕生日の友達（たぶん意中の女子）に選んだ詩集（萌えが過ぎる）。もう1冊は、結婚してはじめてのクリスマスに2人で一緒にご馳走を作りたいと、男性が選んだレシピ本（萌えが……以下同文）。

プレゼントって、愛ですね。皆さんもぜひ、大切なだれかに本をプレゼントしてみてはいかがですか？

ちなみに、冒頭の奥さまの枕もとにプレゼントを用意する男性の話は、帰ってすぐ夫に話しました。もちろん下心込みです。今年のクリスマスはわかってるだろうな、夫よ！

私がおすすめした本

『一日の終わりの詩集』

（長田弘／ハルキ文庫）

長田弘という詩人は、本当にすごい人です。むずかしいことばを１つも使っていないのに、美しい。端的なことばなのに、胸を打つ。寝る前に読みたい１冊。

『Chef Ropia　極上のイタリアンおつまみ』

（小林諭史／ワニブックス）

表紙の威力、すごすぎませんか？　これが家で作れたら家族の胃袋わしづかみです！　クリスマスのご馳走作りにぜひ。

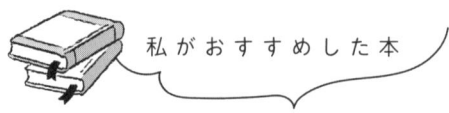

書店員あるある

店内の飾り付けも書店員の仕事

※飾りつけコンクールなどもあり、
立体物などだんだん凝ってきます

第45話

年末年始におうちに帰れる幸せ

クリスマスが過ぎた書店には、年末年始のお買い物ついでに立ち寄るお客さまや、長期のお休みに読書をしようと大人買いされるお客さま。今年（※2021年）は、久しぶりに帰省されるかたも多いようで、旅行かばんを手にした人もちらほら。そんななか、キャスターつきのトラベルバッグを持った、20代前半くらいの女性のお客さまが声をかけてきました。

「この本の最新巻はありますか？」

お客さまが手にしているのは、長期連載されている人気漫画。でも、読者層はおじさんが多いイメージです。若い子が珍しいな、頼まれ物かしら？

最新巻を手渡しつつ、「贈り物用の紙袋もございますので、ご入り用でしたらレジでお申しつけくださいね」と言うと、お客さまはなぜか少し涙目になりました。

私が「何かよけいなことを言ってしまったのならごめんなさい！」と謝ると、「いえ、父がずっと読んでいた本なんです」。お父さまは、コロナ禍で会えないまま亡くなってしまったそう。

「新型コロナウイルスがすごくまん延している時期で、母もみとることができなくて。母も私も、ようやく気持ちの整理がついてきたところです」

そんなお話を聞いたら、私も泣いてしまう……。今度はお客さまが慌ててティッシュを手渡してくれました。

「帰省の電車で本を読もうと思って寄ったんです。そしたら、この漫画を見つけて」

お父さま亡きあと、気がつけば数冊出ていたその漫画を、最新巻まで持って帰るんだそう。

「父は、続きを楽しみにしてたから。母も私も読んだことがなかったんだけど、1巻から読んでみようと思うんです」

漫画を手にご実家に向かうお客さまを見送り、今日は、私もお正月休みに読む本を選んで帰ろうと思いました。

皆さんにも、お休みのお供にぴったりな2冊をご紹介しますね。ぜひおうちでぬくぬく読書を楽しんでください。2022年が、よい年でありますように。

私がおすすめする本

『母親からの小包はなぜこんなにダサいのか』

（原田ひ香 / 中央公論新社）

うちの母親からの小包も確かにダサい。けれど、この年になると一緒に愛が詰まっていたとわかります。ひとつ読み終えるたび、心がほっこり温かくなる短編集。

『あのころなにしてた？』

（綿矢りさ／新潮社）

作家、綿矢りさがつづった2020年、1年間の日記。コロナの日々。あのころ何してた？　と言い合える日まで、きっとあと少し。「つくろわないで。くつろいで」の言葉が胸にしみます。

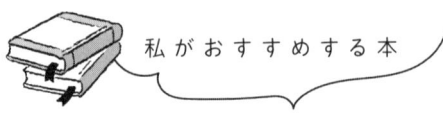

第46話

お菓子作りは本を選ぶ時間から始まるんです

季節の移り変わりは早いもので、私が働く書店が入るモールではチョコレートの催事が始まりました。書店でも、お菓子のレシピ本コーナーを増設。毎日、たくさんの女子たちで賑わう人気の棚です。

ある週末、ご家族連れから声をかけられました。やさしそうなお父さんとベリーショートに大振りのピアスがおしゃれなお母さん、そしてたぶん中学生と、小学校高学年くらいの姉妹。

「かわいいお菓子が作れるレシピ本を探しているんですが……」とおっしゃるので、棚までご案内。「娘さんたちが作るんですか？」と聞くと、姉妹は「お姉ちゃん、彼氏に作るんだよね～」。

「そっちだって好きな子に作るって言ってたじゃん」とキャッキャと盛り上がります。

「それは気合いが入るね！」と娘さんたちに笑いかけて、後ろでその様子を見ていたご両親を振り返ると、お父さんが絶句しておりました（笑）。

「俺に作ってくれるわけじゃなかったの……？」と呟《つぶや》くお父さんに、「もうそんな歳じゃなくなってきたってことよ！」とお母さん。

「お父さんにも作るよ！」「練習するもんね！」と娘たち。

おぉん、パパかわいそう!!

終始しょんぼりのお父さんを置き去りにレシピ本を選んで、ご家族はお帰りになりました。

でも、話はそれで終わりではなかった！　翌日、お母さんがひとり書店にやって来たのです。

「昨日は、娘たちがはしゃげばはしゃぐほど夫がかわいそうになってしまって……（笑）。今年のバレンタインは久しぶりに何か作ってあげようかな、と」

照れながら話す彼女に「それは素敵ですね！」。どうせなら、甘いもの以外にも特別なお料理を作ってみては？　と人気のレシピ本をご紹介。

「作るのが楽しみ♡」と帰っていくお客さまを見送りながら、私も久しぶりにお菓子作りをしてみようかなと思いました。皆さまも、今年はぜひ大切な人にお菓子を作ってみてくださいね！

私がおすすめした本

『ぷっくりクッキーとかわいい焼き菓子たち』

（mocha mocha／ＫＡＤＯＫＡＷＡ）

この表紙のかわいさを見よ！　しかも、型が必要ないんですって！　ラッピングのアイディアも載っていて、すぐに活用できるのも◎。

『Disney　おうちでごはん
東京ディズニーリゾート公式レシピ集』

（講談社 編／講談社／©2021 Disney）

東京ディズニーリゾートの料理を、おうちで楽しめるですって!?　それは作ってみるしかないでしょう！　ぜひ家族や大切な人と楽しんでほしい１冊です。

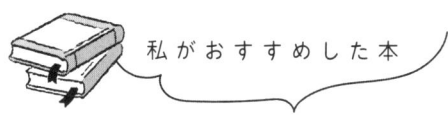

第47話

好きなものが家を圧迫するんです

最近、すっごくオシャレなお客さまがいらっしゃるんです。

ひとつひとつのアイテムは普通なのに、なぜだか素敵。ボーダーのカットソーも、チェックのマフラーも、ごつめのブーツも、べっこうのピアスも、何もかも可愛い（見過ぎか）。

ファッション誌から飛び出したような人なのに、『東京卍リベンジャーズ』を数冊ずつ買って行くところにもまた萌える。

ある日、彼女がカーキのアウターに白いニットとスカート、大ぶりのピアスを合わせているのがあまりにもかわいく、私もカーキのアウターがほしくなって、仕事帰りに買い物して行くことにしました。

働いている書店が入るモールの中を回って、気になったのはボアベストが重なったキルティングジャケット。かわいい……！　けれど、私がこのベストを着たら猟師のようにならないだろうか？

マネキンを前に逡巡していると、「着てみますか？」と声をかけてくれた店員さんは、あのおしゃれなお客さま。アパレル店員さんだったのか〜、納得！

店員さんも「あれ？　本屋さんですよね？」とにっこり。

試着しながらいろいろとお話してみると、気さくなかたで、さらに好きになってしまいました。

「いつもおしゃれで素敵ですね」と言うと、「服が大好きで、クローゼットがぎゅうぎゅうなのが悩みなんです」。

わかるよ、私も油断すると本が増えていくからね！

「最近読んだ着回しの本が参考になったので、もし良かったらご紹介しますよ」とお伝えすると、彼女は翌日やって来ました。

お取り置きしておいた本を手渡すと「〝稼働率１００％〟っていいですね♡」と気に入ってくださった様子。漫画好きの彼女に、最近面白かった漫画を紹介すると、一緒にお買い上げくださいました。

ちなみに私も、彼女のお店のジャケットを買いました。彼女のアドバイスに忠実に従ってコーディネートを組んでいるので、今のところまたぎに間違われたことはございません！　暖かくて、この冬ヘビロテの1着だったのでした。

私がおすすめした本

**『“着ない服”がゼロになる！
稼働率100%クローゼットの作り方』**

（小山田早織／講談社）

クローゼットには服がたくさんあるのに、着る服ないなってことありません？　少ない服でちゃんとおしゃれはできるのだ‼　解説も細かくて真似しやすいのも◎。

『ファッション‼　1』

（はるな檸檬／文藝春秋）

キラキラおしゃれなファッション業界の裏側とは。おしゃれな画風と不穏な物語に引き付けられます。間違いなく面白いからぜひ読んでみて！

第48話

節約は、我慢ではないのだ！

その日、私はお休みのスタッフのフォローで生活実用書の棚に本を補充していました。レシピや美容、インテリアなど、生活にまつわるさまざまな本が集まっていて、眺めているだけでも楽しい場所です。

そんな中、浮かない表情のお客さまと目が合いました。ツヤツヤのボブヘアが可愛い女の子です。大学生くらいかな？

「節約の本はありますか？」

彼女の口から飛び出した『節約』という言葉に面食らってしまいましたが、実用書では大人気のジャンルです。それはもう、売るほどございますとも！

「どんな本をお探しなんですか？」とお話を聞いてみると、大学進学で上京してきたばかりなのにお金を使いすぎてピンチなのだそう。

「コロナ禍で家にいる時間が長いし、オンライン授業のときは家の様子が見えるので部屋をかわいくしたくて」

部屋をおしゃれにすべくちょこちょこ買い物していたら、いつのまにかお金がなくなってしまったとのこと。

わかる〜。インテリア雑貨って、ついいろいろ欲しくなって散財するパターン、私にも経験があります。最近こそ、拾った流木などを家に飾って安上がりに楽しんでいる私ですが、若い頃は雑貨をわんさか買って後悔したりもしたなぁ……。

彼女にそう伝えると「枝に雑貨を吊るしているのをSNSで見て、やってみたいんです！」と興味津々。まずはハンドメイドの本を紹介し、それから本題の家計管理の本を選びました。お会計後に彼女は、「この本で勉強します！　来月、予算の中から雑貨作りの本を買いに来ますね♪」。

その日の帰り、私も本を買うことに。彼女と本を選んでいる最中に気になる本を見つけたのです。とても興味深かったので、皆さんにもご紹介しますね。節約＝我慢ではなく、生活を楽しむための土台だと思えば良いのかもしれません。私も本の買い過ぎには注意しなければ！

私がおすすめした本

『ゆるっとお金と暮らしを整える本』

（日経 WOMAN 編／日経 BP）

お金はただ貯めるのではなく、自分らしく幸せに生きるため、どうお金とつき合うべきか考えるきっかけになる本。“ゆるっと”がまた良き。

『素敵に暮らす大人のお金のコツ』

（主婦の友社 編／主婦の友社）

素敵に年齢を重ねている女性の「お金のコツ」知りたくないですか？　素敵なひとは、お金とのつき合い方も素敵！

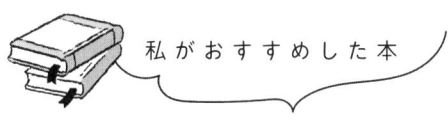

第49話

家族あっての家だから

「すみません、家づくりの本はどこですか？」

声をかけてきたのはナチュラルなワンピース姿の女性です。家を買うことになったので、いろいろとリサーチをしているのだそう。

ところが、私が「それは楽しみですね！」と言うと、彼女は少し困った顔をして、

「実は夫と意見が合わなくて困っているんです」。

古い家をリノベーションして住むのが夢だったそうですが、ご主人は絶対新築派。

「とても条件の良い中古物件を見つけて、ここしかないと思ったのに、夫は見てもいないのに大反対で」

条件が良いだけに急がないと、と言う彼女に、「ご夫婦ともに納得できる結果になるといいですね」とお声をかけた、その1週間後。

彼女はご主人と連れ立っていらっしゃいました。

「例の家は、すぐ他の買い手がついてしまってダメだったんです。でもそれで目が覚めて」

冷静になると、ご主人の気持ちをないがしろにしている自分に気づいたそう。

「家族全員が幸せでなければ意味がないのに、我を通そうとしてしまって……。反省しました」

奥さまが変わると、家におしゃれなんて不要と言い切って希望を聞いてくれなかったご主人も話を聞いてくれるようになったそうで、「明日、築浅の中古住宅を見に行くんです」。

素敵な暮らしをしている人の本を買って参考にしたいとおっしゃるので、1冊ご紹介し、やっぱり古い家を見るのが大好きという奥さまには、古いお屋敷にまつわる漫画も。

仲良く帰っていくご夫婦を見送りながら、いつも我を通してばかりの自分を省《かえり》みた私。今日は、少し夫にやさしくしようと誓ったのでした。

私がおすすめした本

『家族が笑顔になる 北欧流の暮らし方』

（栗原さやか、オリバー・ルンドクイスト／オレンジページ）

帯の「〈暮らす〉を〈趣味〉に変える」が、まさに本書を表しています。暮らしは、やっぱり楽しくなくっちゃね！　本気のオススメ！

『世田谷イチ古い洋館の家主になる　1』

（©山下和美／集英社）

著者が一目ぼれした古い洋館。それが土地ごと売却され、取り壊されると知って……!?　歴史ある建造物を守るため立ち上がった人々を描くノンフィクション。

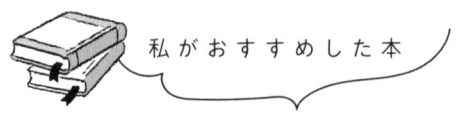

第50話

猫って、特別な生きものだと思います

「すみません、猫の本ってどこにありますか?」と、声をかけてきたのは若いご夫婦。ベージュのセーラーカラーのワンピースにカゴバッグがかわいらしい女性と、ボーダーに眼鏡がオシャレな男性です。

猫に関する本は、飼い方について書かれた本、図鑑や写真集、漫画や小説までたくさん出ているので、どんな本をお探しかと聞いてみると、「これから猫を飼いたいと思っているので、猫のいる生活が感じられるものを探しています」とのこと。

「実は、去年、捨て猫を見つけたんですけど……。そのときはまだ結婚していなくて、お互いペット不可の家に住んでいたので、獣医さんに連れて行って、そこで里親を探してもらったんです」

ご実家では小さな頃から猫を飼っていたという彼女は、その捨て猫のことが忘れられず、結婚を機にペット飼育可の家に引っ越し、いよいよ猫を探そうとした矢先、

「今日、彼がこの近くのペットショップに誘ってくれたので、来てはみたんですけど、なんだかピンとこなくて」

彼は動物を飼った経験がなく、動物を飼うならペットショップだと連れて来てくれたそうですが、彼女は「去年拾った捨て猫みたいな、あんな子と暮らしたい」と言います。

子どもの頃から動物と暮らしている彼女は猫の飼い方などについて詳しくご存じだったので、「それなら、彼に『こんな生活がしたい』とわかるような本がいいですね！」と、本をご紹介。そして、「近所に保護猫の譲渡会をしている場所があるので、そちらに行かれてみては？」とお伝えしてみました。

本をお買い上げくださった2人を見送った数カ月後、〃猫の飼い方〃の棚の前でお2人が、「保護猫を迎えました！」と笑顔で声をかけてきてくれました。譲渡会で出会った2歳の猫とのこと。

「子猫がいいと思っていたのに、目が合ったら『この子がうちの子だ！』と思って」

前回ご紹介した本を、猫好きの友達に贈りたいという言葉がうれしくて、私も同じように笑顔になったのでした。

私がおすすめした本

『猫の菊ちゃん 2』

（湊文／ＫＡＤＯＫＡＷＡ）

保護猫カフェ出身の菊ちゃんと老夫婦のおだやかな生活の記録の２冊目！　老後がこうならどんなに幸せでしょう。

『にゃんこ四字熟語辞典』

（西川清史／飛鳥新社）

超絶かわいいにゃんこの写真に、四字熟語で入る痛烈なツッコミ。自分用にはもちろん、猫好きの友へ贈るプレゼントとしてもイチオシ！

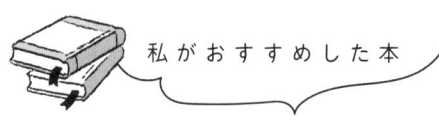

第51話

遠くにいても気になる、夫（の健康）について

ある日、レシピ本の棚で、真剣な面持ちで本を選ぶお客さまを見かけました。たぶん、私と同世代のアラフォーの女性。

わかるよ……毎日のごはん作り、悩むよね！　と共感しつつ、その場を離れ、1時間後に同じ棚を通りかかると、その女性が全く同じ様子でレシピ本をご覧になっているではありませんか。

小説や雑誌の棚なら長くいらっしゃるお客さまもいないわけではないのですが、移動もせずレシピ本を1時間以上もご覧になっているかたは珍しい気がします。

さりげなくそばに立ち、「何かお探しのものがあれば、お気軽にお声かけくださいね」とお伝えすると、その女性は困ったような表情で、「どんな本が良いかわからなくて困ってるんです。最近、夫が単身赴任になったんですが……」。

ご主人とは毎晩、電話で話をするそうで、そのときに夕ごはんの内容を聞いてみると、ガッツリ系のレトルト食品や冷凍食品のオンパレードだとのこと。

「このままでは、夫の健康が心配で。せめて作った食事を冷凍便で送ろうかと思っているんです」

それはすごい！　さぞかし料理好きなのだろうと感心していると、

「でも私、料理苦手なんですよね」

えーーーーーー!?　苦手なの!?

「ご主人の健康のために、苦手なことを頑張ろうと思われたってことですよね？　それはすごいですね！」

それはもう、愛でしかないじゃないか。すごい、すごすぎる！

「でも、家事も育児もワンオペで、そこにさらに夫の食事までとなると、考えただけで憂うつで（笑）」

私は「そりゃあそうですよ！」と笑ってしまいました。

「この機会に、ご主人に料理を始めてもらうというのはいかがですか？」と、まずは人気のレシピ本をご紹介。ご本人には、最近私が読んで一番共感した料理の本をお見せしてみました。「わぁ。これは面白そう！」と、2冊ともお買い上げくださり、笑顔でお帰りになったお客さま。

ご主人、もしかするとお料理上手になっちゃうかもしれませんね!!

私がおすすめした本

『ごはん作りの絶望に寄り添うレシピ
やる気0%からの料理術』

（本多理恵子／エムディエヌコーポレーション）

こんなにも私たちに寄り添ってくれる料理本があったでしょうか。私たち毎日よくやってるよ!!

『リュウジ式至高のレシピ
人生でいちばん美味しい！基本の料理100』

（リュウジ／ライツ社）

とりあえずリュウジさんのレシピで作っておけば間違いないんです。本当です。とにかく一度作ってみて!!

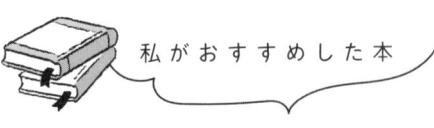

NO!
書店員あるある
書店はともかく水が嫌い
おやめいただける
とうれしい…

第52話

私が若くないってことは親も当然もう若くないわけで

ある日、同世代の同僚とバックヤードで荷物をさばいていたところ、ふと同僚がつぶやきました。

「こういうときの雑談てさ、若いときは恋バナじゃなかった？ 恋バナどころか、子育ての話をする時期も終わった私たちの話題はさ、もう自分の健康問題や親の介護の話ばかりよね……」

おぉん。悲しいけれどもそれが現実。自分が歳をとったということは、親も同じだけ歳を重ねているわけですから、介護が現実味を帯びてきています。

「切ないねー」と言い合いながら、品出しに出ると、やはり私たちと同世代の女性が「親の介護」の棚の前で深刻な表情をしていました。「お探しの本があれば、お声がけくださいね」と話しかけると、彼女は「介護に関する本を探しているんですが、実務的なことが書いてある本は先日購入したんです」と言います。

お話を伺ってみると、ご両親の介護を巡って、ご家族の足並みがそろわず悩んでいるのだそう。

「兄は結婚して遠方にいて、実家の近くに住む妹と私がメインで介護をしているんです」

独身の妹さんは仕事が忙しく、介護となると現実的には難しいそう。妹さんは役所関係や書類周りを中心に担当してくれていて、主婦業のかたわら、パートで働いている彼女が、毎日ご両親のお世話に行っているのだとか。ヘルパーさんを頼むなど、いろいろと手を尽くしても、日々ヘロヘロに疲れてしまうし、心が折れそうになるのだと言います。

「少しだけ家族に弱音を吐いてみようかな」と言う彼女に、力強く賛成した私。介護の本をお探しとはいえ、実務的なことはとてもよくご存じだったので、「今日は、心に寄り添ってくれる本を選ばれては？」と、数冊ご紹介すると、そのうちの1冊のページを少しめくった彼女は、「私のことみたい！　友達みたいな本ですね」とおっしゃいました。

本を読んだあと、ひとりではないと思ってくれたらいいな。どうか、次にお会いしたときに、彼女が少し元気になっていますように。

私がおすすめした本

『健康以下、介護未満　親のトリセツ』

（カータン／KADOKAWA）

カリスマ主婦ブロガー、カータンが、ご両親の老いに向き合います。笑えて泣けて、ためにもなる一石三鳥な1冊。

**『父がひとりで死んでいた
離れて暮らす親のために今できること』**

（如月サラ／日経BP）

親を急に亡くした著者の心の動きがそのまま書かれていて、胸に迫ります。まだ親御さんが元気なうちに、ぜひ読んでほしい。

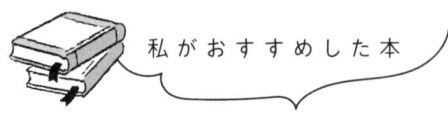

第53話

キャンプはお好きですか？

　昨今のキャンプブームで、書店ではアウトドアコーナーが大きく展開されています。その日は休日とあって、ご家族連れで大にぎわい。キャンプギアの本を見るお父さんと、アウトドアレシピの本を選ぶお母さん。一緒に並べているキャンプの漫画を試し読みする子どもたち。ほのぼのとした雰囲気の一角に見入っていると、眼鏡をかけた真面目そうな女性から声をかけられました。

「あの……これを読めば簡単にキャンプができる！　みたいな本、ありますか？」

　なんでも、ご主人が急にキャンプに行くぞと言いだしたのだそう。

「今まで全くアウトドアに興味がなかったので、何もわからないまま行ったら大変なことになってしまうかもと不安で！」

　それはそうだ。まずは手慣れたかたと行ってみるというのは？　と提案すると、「そうなんです！　妹夫婦がキャンプ好きなので、一緒に行くのはどうかと提案したのだけど、夫は家族だけの方がくつろげると言い張って」。

それならご主人が仕切ってくれるのかと言うと、そういうわけでもなく、「夫は、キャンプ未経験な上に、とんでもなく不器用なんですよね……」。

それでは、まず超初心者向けの本を1冊選んで、あとはプロにお話を聞いてみるのがよいのでは？　と思い、近くのアウトドアショップをご案内し、2カ月近くが経過。

再び、彼女がご来店されました。

「あのあと、アウトドアショップの店員さんからお話を聞いてみて、夫がやってみたいキャンプは私たちにはハードルが高いとわかりました」

キャンプに行きたいのはなぜなのか、ご主人に聞いてみると、「自然を感じて過ごしたいということが一番大きな理由だとわかったので、今回はコテージに泊まりました」。

コテージで過ごす時間はとても楽しく、もっといろいろなことを経験してみたいと思えたのだそうです。

その日、キャンプがより楽しくなるような本をお買い上げくださったお客さま。次は、もっと楽しいことが待っているはずです！

私がおすすめした本

『キャンプでしたい100のこと』

（フィグインク 編／西東社）

掲載されている100個、順番に試したい。イラストもかわいくて、持っているだけでうれしくなるような1冊。

『ゆるキャン△』

（あｆろ／芳文社）

キャンプについて語るなら、まずはこれを読まねばならぬ。未読のかたはすぐ読むべし！　キャンプに対する気持ちを最高潮に高めてくれます。

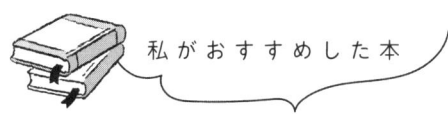

第54話

40代、メイクも人生も楽しんだもん勝ちだと思います

その日、私は古い友人と会っていました。離婚したばかりの友人を励ますため、もう1人の友人とささやかな会を開いていました。元夫の不倫が原因で離婚に至った彼女でしたが、「不倫相手が若くてかわいかった」そうで、心がぺちゃんこになったそう。

「こっちはいろいろあって疲れてるから、化粧も適当、服もヨレヨレだったのに、話し合いの場に元夫が連れて来た相手がかわいい服着て、メイクバッチリでさ！」

「あぁ……それはへこむね……」

「家に帰ってあらためて鏡で自分を見てみたら、白髪もあるし、シワもシミもあって……。しかも！　マジマジと見てみると、メイクがなんだか古くさい気がする」

すると、もう1人の友人（アパレル勤務で生粋のおしゃれ好き）が身を乗り出して言います。

「メイクもアップデートして、おしゃれしたらいいって！　まだまだ人生これからな

んだからさ！　諦めちゃダメ」

おしゃれな友人は、落ち込む友の肩をバシバシたたいて励ますと、最近よく見ているというメイクアップアーティストの動画を教えてくれました。

「このかたの本、今うちの店で平積みしてるよ」と言うと、「じゃあ、来週買いに行こうかな」と、今日の主役はにっこり。

さて、翌週、私が働いている書店までやって来た友人たち。

「あれ？　なんか雰囲気が違う！　なんで⁉」

そう。先週、落ち込んでいたはずの友人が、何だかあか抜けてキラキラしているのです。

「あの後、動画を観たらやる気が出て、デパコスも買ったし、新しい服も買ったの」

私は「では早速」と、先日話題に上がった本を手渡し、そして近くに並んでいる別の本もオススメ。お会計後、同世代のお客さまから声をかけられました。

「あの……さっきのお客さんたちにオススメされていた本はどこですか？　面白そうで気になって」

そのまま、同じ本をお買い上げくださいました。
よーし、みんな一緒にキレイになっちゃいましょ!!

私がおすすめした本

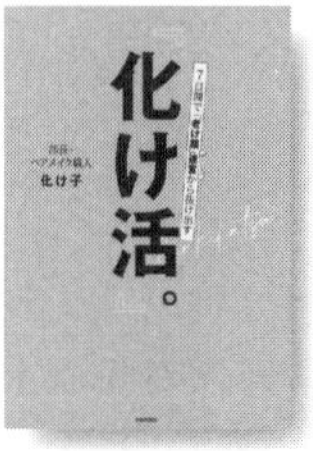

『7日間で「老け顔」迷宮から抜け出す 化け活。』

(化け子/主婦の友社)

この本はとにかくすごい！　人気 YouTuber 化け子さんの 40 代・50 代以上を救うメイクの技が惜しみなく書かれています。

『メンタル強め美女白川さん』

(獅子/KADOKAWA)

ドラマも話題だった、白川さん。彼女は私たちと同じように負の感情が渦巻く世界で生きているのに、すごくポジティブでハッピー！　白川さんのメンタルの強さ、見習いたい！

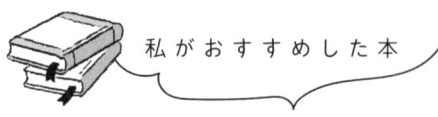

第55話

真っ只中はすごくつらいのだけれども

私が働く書店はモールの中にあります。その日、私は休憩時間に友人へのプレゼントを選ぼうと雑貨屋さんへ。店内では、先客の女性が真剣な表情で雑貨を選んでいます。花瓶を手に取っては首を傾《かし》げ、動物の置物を並べては眉間《みけん》にしわを寄せているその女性。

店員さんが「何かお探しですか?」と声をかけると、女性は「家のインテリアを変えたくて、何か飾りたいんですが、何をどうすればいいのか見当もつかなくて」。

「それでは、こちらはいかがでしょう? 見た目はかわいい置物ですが、実は中が収納になっていて……」

ささっとお会計を終えた私は、これからインテリアを変えるなんて、わくわくしちゃうわん♪ と、全く関係ないのにウキウキしつつ店を出たのでした。

休憩後、品出しをしていると、「収納の本を探しているのですが」と声をかけてきたのは、先ほど雑貨屋さんにいらっしゃったお客さまです。

「最近、部屋を片づけてかわいくしようと試行錯誤しているんですけど、なぜか始める前より散らかってしまったんです」

「あぁ、それはあるあるですよ！　いったん散らかってしまうんですが、ものが収まればスッキリするはずです！」

元々、整理整頓が苦手だったそうですが、お子さんが生まれ、忙しさと苦手意識から片づけを先延ばしにし続けたら、さらに家がカオスになってしまったそう。

「子育て中は、どうしても難しいところがありますよね……」

私の家も、子どもが小さい頃はひどかった。テーブルの上にはプリント類と、なんだかよく分からない工作物の山。床にはマキビシのように散らばるブロック（うっかり踏むと泣くほど痛い）。

「片づけのルールができれば、楽になるかもしれません」

人気の収納の本と、先延ばし癖をどうにかしたいというお客さまにピッタリの本もご紹介してみました。

私もかつて子どものもので散らかる家にイライラしたけれど、今となってはマキビシのブロックさえも懐かしいわけで。お帰りになるお客さまの背中に、少しうらやましい気持ちになったのでした。

私がおすすめした本

『スキマをうめる収納ルール』

（森の家／KADOKAWA）

スキマをうめていくだけ！　それで、こんなにすっきりするとは……（驚）。どんなおうちのかたでも応用できると思います。猫と暮らしているかたにもオススメ！

『やる気に頼らず「すぐやる人」になる37のコツ 科学的に先延ばしをなくす技術』

（大平信孝／かんき出版）

やる気になれない、そこのあなた！　めっちゃいい本、ありますよ！　すごく親切に実践までの流れを教えてくれます。まずはぜひご一読を！

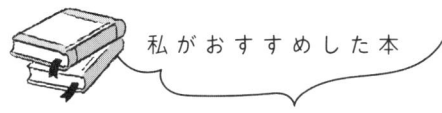

第56話

自分の仕事、好きですか？

ある日、コミック売り場で品出しをしている私に声をかけてきたのは、若い女性。

「元気でしたか？」

フレンドリーな笑顔で私を見つめる彼女ですが……ごめん、誰なのか全然思い出せない！　キョトン顔の私に、彼女は破顔して、「私ですよ、○です！」。

彼女は、私が若い頃お世話になったかたの娘さん。最後に会ったのは彼女が小学生の頃。「お母さんが、お店はここだよって教えてくれて」。

職場が近く、帰り道に立ち寄ってくれたのだそう。私ももう退社時間だと伝えると、「お茶しませんか？」。お茶を飲みながら、彼女の近況を聞いてみると、最近プロポーズされたそうで。

なのに、なぜか彼女は浮かない表情。彼のご両親に会ったとき、お母さんが「これからは息子を支えてね」とおっしゃって、彼もそれに満足げにうなずいていたのが気になったんですって。

「もちろん支えますけれど……今の仕事を辞めてほしいと言われて」

彼女は最近、念願の部署に異動がかない、「すごくやりがいを感じている」そうで、彼にもそう伝えたけれど、「でも、もっと楽な仕事をしたらいいんじゃない？　今後は家事もあるんだし」と諭《さと》されたのだとか。

「仕事だけして生きていくのは寂しい気がするし、このまま独りなのかと思うと不安」と言う彼女。その日はそのまま別れました……。

季節が変わり、そろそろ連絡してみようかしら、と思っていた頃、彼女がまた店に立ち寄ってくれました。「別れちゃったんですよ～」と言う彼女に、「この後、少し時間ある？　もうすぐ上がるから！」。

待ってくれていた彼女に渡したのは、今イチオシの漫画2冊です。彼女は、早速ページをめくり、「え～、何これ～！　面白い！」。

「私、仕事が好きだし、よく考えたら独りも嫌いじゃなかったです（笑）」と言って、改札で大きく手を振る彼女を見送りながら、仕事が楽しいと言えることの素晴らしさを考えました。
つらい日も疲れる日もあるけど、仕事が楽しいと思える瞬間があるって幸せなことですよね。

私がおすすめした本

『株式会社マジルミエ』

（原作 岩田雪花／作画 青木裕／集英社）

魔法少女は好きですか？　前代未聞の「魔法少女×お仕事漫画」。こんな斜め上の設定なのに、共感できるってすごい。今イチオシです。

『大丈夫倶楽部』

（井上まい／レベルファイブ（電子）、トゥーヴァージンズ）

「大丈夫」になりたい、あなた！　あなたのためにある本です。よく使うのに、魔法の呪文のような不思議な言葉。読んで、大丈夫になりましょう。

第57話

それはプレゼントではないのだけれど

その日、声をかけてきたのは、男子高校生。時々、ラノベの棚で見かける子です。背が高く短髪が爽やかな彼は、部活帰りなのか、いつも大きなスポーツバッグを持っています。

声をかけられたのは初めてだな、と思いつつ「何かお探しですか？」と聞くと、国民的猫型ロボットの映画のノベライズ本を探しているとのこと。棚までご案内すると、「これは持っているので、他のを買いたかったんですが」と。お取り寄せもできると伝えたところ、「今日渡したくて」。話を聞いてみると、最近不登校気味になっている幼なじみの女の子の家に持って行くつもりだったと言います。

親御さん同士も仲が良いので、その子の近況をお母さん経由で聞いたところ、「小説なんて読まない子なのに、この本はものすごく面白いって一気に読んだらしくて」。それならばシリーズの別作品を……と思ったのだとか。私は、欠品をおわびした後、

「実は、そのノベライズ本は作品によって作者が違うんです。幼なじみのかたが読まれたのは辻村深月先生の作品なので、辻村先生の著書を買われてみては？」と伝えました。「マジっすか！　じゃあそうしてみます！」。

『かがみの孤城』をおすすめすると、「とりあえず上巻を買ってみます。それで、誕生日にじいちゃんから図書カードをもらったばっかりだから、何かもう1冊買います」。

何冊かおすすめしたうちの1冊を選んだ彼は、「これ、絶対面白いですよね。後で借りて読もう」。

「贈り物用の袋に入れましょうか？」と言う私に、「別にプレゼントじゃないんで、普通の袋でいいです」と彼。私は何だか泣きそうになってしまいました。

それから数日たったある日、文庫本の棚で、先日の彼と同世代の女の子がお母さんと一緒に下巻を手に取るのを見かけました。彼の幼なじみかは分からないけれど、でもきっと、たぶん、絶対にそうだと思う。涙を拭《ぬぐ》う私に、同僚が「どうしたの！」と驚いていましたが（笑）、それは私にとって最近一番、うれしい光景だったんです。

私がおすすめした本

『かがみの孤城 上』

（辻村深月／ポプラ文庫）

2022年には映画も話題の本作。実は本書でも2回目の紹介です。何度読んでも泣ける、名作中の名作。

『図書室のはこぶね』

（名取佐和子／実業之日本社）

体育祭まであと1週間の高校生たちの物語。青春です。作中で紹介されている本も、名作揃い。

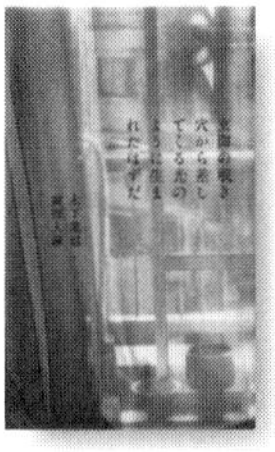

『玄関の覗き穴から差してくる光のように生まれたはずだ』

（木下龍也、岡野大嗣／ナナロク社）

男子高校生2人の7日間。青春の光と影が、短歌だからこそ鮮烈に感じられます。

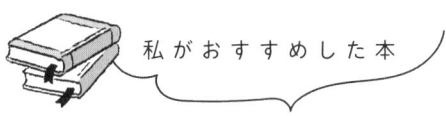

第58話

卑屈になっちゃう日もあるけれど

「じゃあ私たち先に帰るね！」

店の入り口の所で友達2人を見送っているのは、よく買い物に来てくれる高校生の女の子です。色白で抱きしめたくなるかわいさ。彼女のかわいさにやられているのは私だけではありません。同僚たちも明るい彼女が来るのを楽しみにしています。

「これ買います〜」と笑う彼女は、ふんわりしたスカート姿。「かわいいね！」と言うと「なんかしっくりこなくて」とポツリ。お会計を済ませてお店を出て行く彼女は、心なしか元気がなさそうに見えたのでした。

その翌々日。お休みだった私は、本を買おうと職場に出かけ、棚を物色していました。学校がお昼で終わったのか、コミックコーナーは学生であふれています。ちょうどその中に彼女を見かけ、目が合ったので、「その漫画、面白いよ！」とおすすめすると、「あれ？　店員さん、私服だ！」。

漫画を手に何を悩んでいるのか聞いてみると、「少女漫画の主人公ってかわいすぎるし、細すぎるんですよ」。かわいい子が主人公の漫画を読んで、卑屈になってしまう自分がイヤだと言います。

「ダイエットしても全然やせないし、スカートも似合わないし……」

そこで、「実は私の体重はね……」と耳打ちすると、「え！　結構ある!!」（↑失礼か）。「これでも最近2kgやせたんだけどね」。「そんなにあるように見えない」と驚く彼女に、「着やせだよ！」。

スカートはタイトなものの方がおすすめだと言うと、「そのスカート、どこで買ったんですか？」。おそろいにしても良くてよ、と店を明かして（激安店で購入した物）、ついでにおすすめの漫画も教えてあげました。

後日、ロゴのスエットにオレンジ色のタイトスカート姿の彼女がやってきて「どうですか？」と聞くので「めっちゃかわいい！」と言うと「へへへ。友だちからもほめられました！　ありがとうございます！」。先日おすすめした漫画を買って帰っていきました。

今のままでも魅力的だけれど、自分のことを好きでいてほしい。
変わっていく彼女が、私にはまぶしく映ったのでした。

私がおすすめした本

『やまとは恋のまほろば 新装版1』

（浜谷みお／文藝春秋）

自己肯定感が低い、大学１年生の穂乃香。大学の古墳研究会を舞台に、イケメンの先輩と同期に囲まれ成長していく恋物語。先輩派か同期派か、で一晩語れると思うほどの名作!!

『35歳からの人生最後のダイエット』

（にーよん／ベネッセコーポレーション）

にーよんさん、あなたはすごい。わたくし、真似してみたら2kg減りました。気になったあなた、試す価値ありです。

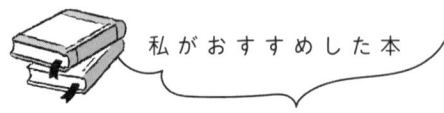

最終話

大切な人ともいつかは別れの時が訪れるんです

新刊台の前で若いご夫婦がけんかしています。他のお客さまもチラチラ見ているし、私も新刊コミックを出したいし、ここはやはり一声かけるべきかしら……。

店内をぐるぐる回っていると、グレイヘアの男性が「ちょっと失礼。僕、そこにある漫画が欲しいんだけど」と、ちゃめっ気たっぷりにご夫婦の間に手を差し込み、漫画を手に。

毒気を抜かれたご夫婦は、すっかり静かになり……。「けんかするってことはいいことですよ」と、私に笑いかけた、その男性は常連さん。正確には奥さまが常連さんと言うべきかもしれません。漫画好きな奥さまと一緒によくご来店されるかたです。男性が手に取ったのは、国民的海賊漫画。

「読んでいらっしゃったんですね」と言うと「妻がね」と答えます。そういえば最近、奥さまにお会いしていないなと思い、「今日は奥さまはご一緒ですか?」と聞くと、

「年末にね、急に死んじゃったんだよー！」。

男性は苦笑しながら「最後まで驚かせてくれたよ、うちの妻は」と笑い、手にした漫画を見て、「最近はこの漫画、読んでなかったの。忙しかったから『まとめて読もうかな』とか言っちゃってさ。読んでおけばよかったのにな」。

私がこらえきれずに涙をこぼすと、「泣かないで！」と慌てた男性は、「うちのも今頃あの世で笑ってるよ。ただ、新しい漫画を読みたいだろうから、好きそうなのを選んでくれないかな」。

私は、次に奥さまにお会いしたら、おすすめしようと思っていた漫画を手渡しました。奥さまは絶対お好きなはず……。そのうちの1冊は、奥さまを亡くした男性が主役のお話です。

「お客さまも読んでみてくださいね。たぶん奥さまも一緒に読んでくださると思いますので」と伝えると、「若い頃、一緒に漫画を読むとね、『ページをめくるのが遅い！』って怒られたんだよ。きっとまた怒られちゃうかな」と笑いました。

「またいらしてくださいね」と私が言うと、「うん、またね！」。

店を出た男性の後ろ姿は、まるで奥さまと寄り添っているかのようでした。

私がおすすめした本

『はなものがたり』

（©schwinn／ＫＡＤＯＫＡＷＡ）

夫を亡くしたはな代が、化粧品専門店を営む芳子と出会い……。ふたりが引かれ合い変化していく様子になぜだか力づけられます。いくつになっても変化していいんだ！

『天国堂喫茶店～アラウンド・ヘヴン～』

（©野崎ふみこ／双葉社）

妻を亡くした夫。遺された喫茶店で、今日もコーヒーを淹れています。なぜか本音が出てしまう、不思議なその店で生まれる人間模様。読めば、夫婦って素敵って思えます。

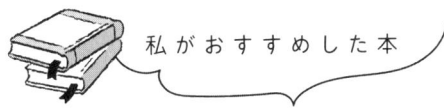

おわりに

このページをもちまして、本書は終了となります。ここまでお読みいただき、ありがとうございました。本屋で丸顔の書店員がひたすらあわてているお話でしたが、お楽しみいただけましたでしょうか？　あ、もしかして「おわりに」から派？　それはそれで結構。ぜひ最後までお読みいただき、「はじめに」へお戻りくださいませ。

唐突な質問ですが、あなたはよく道を聞かれるほうですか？
私は、ものすごい頻度で聞かれるんです。道に限らず、スーパーで隣に立ったマダムから「この野菜、どうやって料理するといいかしら？」と聞かれたり、トイレで後ろに並んだかたから「めっちゃ混んでません？」と同意を求められたり。電車で隣に座ったおじさんから離婚の悩みを聞かされたことも（降りるタイミングを失い、山手線を一周した）。

そんな〝話しかけられ王〟の私が、ひょんなことから書店員になり、お問い合わせにいらっしゃるお客さまとの交流を雑誌『サンキュ！』にて連載させていただき……。

本書は、その5年分の連載をまとめたものです。

連載開始当時は、まだ書店員になりたてだった私ですが、時を経た今、もうすっかり貫禄が出てきまして……。

とか言いたいところですが、貫禄が出たのは体形だけで、あいかわらず失敗をくり返しながらドタバタと働く毎日でございます。

本書を手に取ってくださったあなたは、きっと書店がお好きなかたなのでしょう。ネットでポチれればすぐにポストに本が届く時代ですが、それでも書店にはいつだって予期せぬ特別な出合いが待っていますよね。読み終えた皆さまが、「明日、本屋に行こう」と思ってくださったなら、望外の幸せです。

いつだっておすすめの本をたくさんご用意して、お客さまをお待ちしております！

森田めぐみ

初出：本書は雑誌『サンキュ！』（ベネッセコーポレーション／２０１８年６月号〜２０２３年１月号）連載に加筆修正を加えたものです（連載時第１〜14話：執筆協力　加藤郷子）。

森田めぐみ
（もりた・めぐみ）

1981年茨城県生まれ。書店員。転勤族の夫とともに引越しをくり返している。現在は、夫、息子、娘、犬1匹、猫4匹と暮らしながら、東京の片隅の書店に勤務中。仕事で扱う重い本の箱に加え、犬猫のお世話で腰を痛めがち。好きなものは、家、動物、おいしいごはんとビール。苦手なものは、グミとキャラメル、ぼーっとすること。些細なことでよく笑いよく泣き、もういい大人なのに、ついふざけ過ぎてしまうことが悩み。「読んでもためにならないことを書く」をモットーに日々の生活をインスタグラムで綴っている。
アカウントは @marguerite289

書店員《しょてんいん》は見《み》た！
本屋《ほんや》さんで起《お》こる小《ちい》さなドラマ

2024年6月1日　第1刷発行
2024年9月1日　第4刷発行

著　者	森田《もりた》めぐみ
発行者	佐藤　靖
発行所	大和《だいわ》書房
	東京都文京区関口1-33-4
	電話03-3203-4511
イラスト	ながしまひろみ
ブックデザイン	高瀬はるか
企画協力	石川理恵
校　正	佐藤鈴木
本文組版	マーリンクレイン
本文印刷	シナノ印刷
カバー印刷	歩プロセス
製　本	ナショナル製本

ISBN978-4-479-39431-0
乱丁・落丁本はお取替えします
http://www.daiwashobo.co.jp

え〜と
どこだ